讲台的魅力

刘文章 著

湖南师范大学出版社

·长沙·

图书在版编目（CIP）数据

讲台的魅力／刘文章著. --长沙：湖南师范大学出版社，2025.6. -- ISBN 978－7－5648－5901－5

Ⅰ. G52－53

中国国家版本馆 CIP 数据核字第 2025X7V123 号

讲台的魅力

Jiangtai de Meili

刘文章　著

◇出　版　人：吴真文
◇责任编辑：孙雪姣
◇责任校对：孟　欣
◇出版发行：湖南师范大学出版社
　　　　　　地址／长沙市岳麓区　邮编／410081
　　　　　　电话／0731－88873071　88873070
　　　　　　网址／https：//press. hunnu. edu. cn
◇经销：新华书店
◇印刷：长沙雅佳印刷有限公司
◇开本：170 mm×240 mm　1/16
◇印张：14
◇字数：252 千字
◇版次：2025 年 6 月第 1 版
◇印次：2025 年 6 月第 1 次印刷
◇书号：ISBN 978－7－5648－5901－5
◇定价：58.00 元

序
精彩在讲台上
刘建琼①

　　于教书育人而言，讲台最为耀眼。它不仅承载着知识传递的使命，还是智慧启迪、情感交流与心灵触碰的阶梯。《讲台的魅力》正是这样一部坚守三尺讲台，成就自我、成就学生、回报社会，深刻挖掘并颂扬这一神圣空间力量的著作，作者是名师、名校长刘文章。他电话邀我为本书写个序，于情于理，我愿与读者一同走进这方天地，感受讲台所独有的魅力与光辉。

　　人与人相遇是缘分，缘在天定，分靠人为。记得20年前，笔者为湖南师范大学教育硕士班授课，有缘和作者相遇，继而相识相知至今，成为挚友、诤友。作者热爱教育事业，从走上三尺讲台的那一天开始，视讲台为生命场，不忘初心，一直奋斗着、

───────────────

　　① 刘建琼，二级教授，博士生导师，知名特级教师，享受国务院政府特殊津贴专家，教育部基础教育语文教学指导委员会委员，曾任湖南省教科院基础教育研究所所长。

学习着、钻研着，并幸福地通向心中向往的目标。从一名普通的乡村教师、优秀班主任到校长，从校长到名校长，从名校长到师训教研员，从教学岗到管理岗，从管理岗到科研岗，从教学生到教老师，三十多年风雨兼程，岗位变迁，不变的是作者一直坚守三尺讲台，为学生、为老师传道、授业、解惑，他只为一件事，只做一件事，把一件事做好，做到极致。因为讲台的空间魅力，他从稚嫩走向成熟，先后获得骨干教师、名师、名校长、特级教师等荣誉，成为学生喜欢的好老师、老师心中的好校长。

自古而今，讲台便是教育的重要舞台。在这里，先贤们口传心授，将世代积累的知识与智慧传承给后人。而今，《讲台的魅力》以独特的视角和细腻的笔触，再现了一幕幕讲台上的动人场景。书中，我们可以看到他如何在讲台上挥洒自如，将复杂的知识点化繁为简，让学生在轻松愉悦的氛围中掌握知识的精髓；也看到许多关于师生情深的故事。作者以无私的关爱温暖着学生的心灵，让他们在孤独与迷茫中找到依靠；以耐心、责任心，娴熟的技艺和高尚的人格魅力影响着学生的一生，成为他们心中永远的楷模；以严谨的治学态度和一丝不苟的工作作风，把所管理的学校办成老百姓心中的名校。

《讲台的魅力》不仅回顾了作者讲台上的岁月瞬间和很多富有生命活力、耐人寻味的教育故事、

教育感悟，而且凸显了他深厚的教育情怀。他对
学生有情怀，把每一个学生放在心上；他对老师
有情怀，把老师视为家人；他对学校有情怀，学
校就是自己的试验田。他在讲台上不断挑战自我、
超越自我，追求卓越。从一名普通的教师成长为
学科带头人、教学名师、名校长，或是通过教学
研究、教育实验等方式，推动了教育领域的改革
与发展。这些教育故事的背后，是他对教育事业
的热爱与执着。我们深知，作为一名教师，只有
不断学习、不断进步，才能更好地履行自己的职
责和使命。因此，他始终把讲台当作自己生命成
长的摇篮和磨砺的阵地，用自己的汗水和智慧演
绎着生命的精彩。

《讲台的魅力》是一部关于教育的著作，也是
一部关于人生、关于成长的启示录。它让我们看
到了讲台所蕴含的无限可能与价值，让我们感受
到了教师职业的神圣与崇高，更让我们明白了教
育对于个人生命成长和社会发展的重要意义。正
如苏格拉底所言，一个人的成长莫过于多跟有价
值的人或书交往，也就是跟好的人或书交往。其
中隐含的主题就是，一个人的成长无非就是在平
常交往中，追求超越日常生活之上的更高价值，
由此使得平凡的生活成为好的生活，成为值得一
过的生活。就这一点而言，《讲台的魅力》对想当
老师的人，即将当老师的人，已经入职老师的人，
对渴望成长的校长、教师、班主任和名优骨干教

师们是不可多得的精神大餐，必将平添一份德为
人先、学为人师、行为世范的信心与期待。在此，
我衷心希望每一位读者都能从这本书中汲取到生
命力量和教育智慧，都能在未来的道路上坚守教
育初心、勇担时代使命，都能用自己的行动和努
力书写出属于自己的精彩篇章。

　　是为序。

2024 年 10 月 9 日

于长沙中海·麓山境（北区）寓所

自 序
讲台的魅力

刘文章

　　1974年9月1日，满8岁的我跟着哥哥姐姐到村小上学，第一次看到教室的讲台，第一次看到老师在讲台上上课，我感觉很新鲜，讲台很神圣，很有魅力。

　　讲台，这一方寸之地，却承载着无限的光辉与深邃，它不仅是空间的简单划分，更是智慧与情感的交汇点，以其独有的魅力，照亮了无数学子的心灵之路。

　　讲台，是知识从浩瀚书海流向求知若渴心灵的桥梁。在这里，教师们化身知识的引路人，将古今中外的智慧结晶，通过生动讲解、巧妙引导，一点一滴地注入学生的心田。它不仅传递了书本上的知识，更激发了学生探索未知世界的渴望。

　　在心灵的海洋里，讲台犹如一座灯塔，指引着迷航者找到方向。教师们以自身的经历、感悟和深刻见解，照亮学生内心的每一个角落，引导他们树立正确的世界观、人生观和价值观。那些关于勇气、坚持、爱与责任的故事，如同星辰般璀璨，照亮了学生的成长之路。

讲台上，教师们的每一次讲解都饱含激情，他们用最真挚的情感、最饱满的热情，将知识的火种播撒在学生的心间。这份激情，如同熊熊燃烧的火焰，不仅点燃了学生对学习的热情，更激发了他们追求梦想、勇往直前的动力。

讲台，自古以来便是权威与尊重的象征。它赋予教师特殊的身份和使命，让学生在敬畏中倾听，在尊重中学习。这种权威不是居高临下的压迫，而是基于学识、品德和人格魅力的自然流露，促使学生更加珍视每一次学习的机会。

每位站在讲台上的教师，都是独一无二的个体，他们用自己独特的方式、个性化的风格诠释着教育的真谛。有的风趣幽默，让课堂充满欢声笑语；有的严谨认真，每一句话都经过深思熟虑；还有的温柔细腻，用爱温暖着每一个学生的心房。讲台，成了他们展现个性风采的窗口。

在讲台上，教师不仅是知识的传授者，更是与学生互动交流的伙伴。通过提问、讨论、反馈等多种形式，师生之间的思想得以碰撞，情感得以交融。

这种互动，不仅加深了学生对知识的理解，更增进了师生之间的友谊和信任。当不同的思维在讲台上汇聚，便形成了一个强大的智慧磁场。学生们在这里各抒己见，教师则适时引导，让思维的火花在碰撞中迸发出耀眼的光芒。这种智慧的碰撞，不仅促进了知识的创新，更培养了学生的批判性思维和创新能力。

对于许多学生来说，讲台是他们梦想启航的地方。在这里，他们听到了关于未来的无限可能，感受到了知识改变命运的力量。教师们用鼓励和支持，为学生插上梦想的翅膀，让他们在追求梦想的道路上勇往直前，无惧风雨。

讲台成就了我的幸福教育人生。坚守讲台38年了，从学生到老师，从老师到校长，从校长到督学、教研员，尽管岗位角色在变化，但三尺讲台一直是我最眷恋的方寸地。从普通到卓越，优秀班主任、骨干教师、名师、名校长、特级教师等，是我对深深眷恋着的讲台最好的回响。

一言以蔽之，讲台以其独特的魅力，成为我教育生活中不可或缺的一部分。它不仅是知识传递的桥梁，更是心灵启迪的灯塔、激情燃烧的舞台、权威与尊重的象征、个性展现的窗口、互动交流的纽带、智慧碰撞的磁场以及梦想启航的港湾。在这里，每一颗年轻的心灵都能找到属于自己的光芒，勇敢地向着未来进发。

2025 年 1 月

目　录

上篇　初为人师，感受讲台的魅力

<h1 style="text-align:center">中篇 善为人师，接受讲台的魅力</h1>

下篇　乐为人师，享受讲台的魅力

上篇　初为人师，感受讲台的魅力

第一辑　儿时的向往，从学生到老师

儿时梦想：我想当一名老师①

　　每个人的心中都曾有过璀璨的梦想，它们如同夜空中最亮的星，指引着我们前行的方向。对我而言，成为一名老师的梦想，自儿时起便如同一颗种子，在心底悄然生根发芽，最终长成了参天大树。这棵梦想之树，不仅见证了我成长的点点滴滴，更赋予了我无尽的力量与希望。

　　记忆回溯至那个阳光明媚的上午，我坐在村小泥土木房教室的最后一排，望着讲台上那位和蔼可亲的高老师。她正用温柔而坚定的声音，将那些看似枯燥的知识编织成一个个生动有趣的故事，让我们这些孩子听得入了迷。那一刻，我仿佛看到了一个全新的世界，一个充满了知识与智慧，又充满爱与关怀的世界。那一刻，我的心被深深触动，一个念头悄然萌生——我也想成为这样的老师，用自己的力量去点亮更多孩子的心灵。

　　记得有一次，我在学校食堂打完饭，没有钱买菜，就吃光饭。突然，我身后有一个人把一份香辣可口的辣椒炒肉倒在我碗里，我回过头来一看，原来是我的语文老师付老师，顿时我感到很温暖，感到老师很亲切。我想，老师对学生真好，长大了，我也要像付老师一样，把学生当作自己的孩子看待。

　　随着年岁的增长，我更加沉迷于知识的海洋。每一本书、每一堂课，都像是为我打开了一扇新世界的大门。我如饥似渴地吸收着各种知识，从自然科学到人文艺术，从古代文明到现代科技，每一个领域都让我感到新奇与兴奋。我深知，作为未来的老师，我需要拥有广博的知识储备，才能满足学生们的好奇心和求知欲。因此，我更加努力学习，不断充实自己，为梦想的实现打下坚实

---

　　① 本文是 1985 年 9 月 10 日晚上写的一篇随笔。当年是我国第一个教师节，适逢我在浏阳一中读高三，见证了浏阳一中第一个教师节庆祝大会，原文标题《我梦想当一名老师》。

的基础。

每当学校举办教师节庆祝活动，看到台上那些受到表彰的老师们脸上洋溢着的幸福与自豪，我的心中便充满了无限的憧憬。我憧憬着自己站在那三尺讲台上，面对着几十双求知若渴的眼睛，讲述着知识的奥秘，传递着做人的道理。我憧憬着与学生们建立起深厚的师生情谊，共同度过每一个充满欢笑与挑战的日子。这份憧憬，成为我不断前进的动力源泉。

儿时的我，还常常喜欢和小伙伴们一起玩"当老师"的游戏。我会找来一块小黑板，用粉笔写下简单的数学题目或拼音字母，然后模仿老师的模样，耐心地为他们讲解。虽然那时的讲解可能并不准确，甚至有时还会闹出笑话，但那份角色扮演的乐趣却让我乐此不疲。这种游戏不仅让我提前体验到了当老师的乐趣，也进一步加深了我对教师职业的向往和热爱。

在成长的道路上，我逐渐意识到，教育不仅仅是知识的传授，更是情感的交流与共鸣。记得有一次，我在课堂上因为一道难题而困惑不已，是老师的耐心指导和鼓励让我重拾信心，最终攻克了难关。那一刻，我深刻地感受到了情感共鸣的力量——当老师用真诚与关爱去触动学生的心灵时，教育的效果往往会事半功倍。这让我更加坚定了成为老师的信念，决心在未来的教学生涯中，用爱与智慧去感染每一个学生。

每当夜深人静之时，我常常会沉浸在备课与教学的想象中。我会想象自己站在讲台上，用生动有趣的方式将复杂的知识点讲解得清晰易懂；我会想象自己与学生进行深入的讨论与交流，共同探索知识的奥秘；我还会想象自己为学生们设计各种有趣的教学活动和实践项目，让他们在实践中学习、在探索中成长。这些想象不仅让我对未来充满了期待与憧憬，也让我更加明确了自己作为老师的职责与使命。

当然，我也清楚地知道，成为一名优秀的老师并非易事。在未来的教学生涯中，我可能会遇到各种各样的挑战与困难，比如学生的叛逆与不理解、家长的期望与压力、教学改革的挑战与机遇等。但我坚信，只要我拥有足够的勇气与智慧去面对这些挑战与困难，就一定能够克服并取得成功。因为在我心中始终有一个坚定的信念：成为一名优秀的老师。

人生路口：圆梦师范的选择①

在人生的长河中，高考无疑是一个重要的转折点，它不仅是对过去 12 年学习生涯的一次总结，更是开启未来无限可能的钥匙。1986 年 7 月，高考失误的我，仅仅上了中专录取线。因家里兄弟姊妹多，家庭经济困难，无法选择复读。高考填报志愿的那一刻，不仅仅是选择一个专业或大学那么简单，它更是一次关于梦想、责任、自我认知与未来规划的深刻思考。当时，很多人首选商业学校或邮电学校，因为职业地位高、福利待遇好。在此人生路口关键时刻，儿时的梦想在脑海中回旋，我最终选择了师范学校，当一名老师。

从小，我就对教师这个职业怀有特殊的敬意和向往。记忆中，是那些辛勤耕耘在讲台上的老师们，用知识的光芒照亮了我前行的道路，用无私的奉献精神激励着我不断追求进步。每当看到他们耐心解答学生的疑惑，用爱心与智慧引领学生成长时，我的心中便涌起一股强烈的冲动——我也要成为这样的老师，用我的所学去影响和改变更多的孩子。这个梦想，如同一颗种子，在我心底生根发芽，指引着我在高考填报志愿时，毅然决然地选择了师范专业。

在决定报考师范专业之前，我进行了大量的信息搜集工作。我首先通过书籍、报刊等，了解了师范专业的课程设置、就业前景、发展趋势等相关信息。同时，我也积极参加学校组织的高考志愿填报咨询会，向在职教师、招生老师以及学长学姐们请教，从他们的经验分享中获得了宝贵的建议。通过这些信息的搜集与整理，我更加清晰地认识到师范专业的特点与价值，也更加坚定了自己的选择。

---

① 1986 年 9 月 1 日，师范学校开学典礼后，班主任彭老师组织了一次主题班会，谈谈自己为什么选择读师范。这是我写的一篇文章，原标题《跳农门读师范》，内容略作删减。

在做出选择之前，我进行了深入的自我评估。我思考了自己的兴趣爱好、性格特点、优势与劣势等多个方面，试图找出最适合自己的专业方向。我认识到，自己对于教育事业的热爱、良好的沟通表达能力以及愿意为学生付出的精神，都是成为优秀教师的重要品质。同时，我也意识到自己需要不断提升专业素养和教学技能，以及面对教育挑战时的应变能力和心理素质。通过自我评估，我更加明确了自己的目标和方向，也更有信心地迈出了报考师范专业的步伐。

我的家庭对我的选择也产生了深远的影响。我的父母都是农民，他们朴实、朴素，家里悬挂着"天地君亲师"的匾牌，常念道：当老师最受人尊敬，职业最稳定，虽然现在待遇不高，但未来肯定是个很好的职业，因为国家发展，百姓富裕需要人才，人才离不开教育。在父母的熏陶下，我逐渐形成了对教育事业的深厚情感和对教师职业的崇高敬意。当我把自己的选择告诉父母时，他们给予了充分的理解和支持，并鼓励我在未来的道路上勇敢前行。

随着改革开放和教育改革的不断深入，教师这一职业的重要性日益凸显。国家对于教育的投入不断加大，教师队伍的建设也日益受到重视。同时，随着社会对于高质量教育的需求不断增加，教师的专业素养和教学能力也面临着更高的要求。在这样的社会趋势下，选择师范专业不仅符合时代发展的潮流，更有助于实现个人价值和社会贡献的统一。我深刻认识到这一点，也更加坚定了自己成为优秀教师的决心。

志愿填报的过程既紧张又充满期待。我根据自己的实际情况和兴趣爱好认真填写了志愿表，将师范作为了首选。在填报志愿的过程中我也遇到了一些困难和挑战，比如对于专业的理解不够深入、对于未来的规划不够明确，加上当时我姑爷认为男孩子读中师没出息，毕业后就是回村小当孩子王等。但是通过咨询老师、查阅资料、与同学交流，加之父母的鼓励与期待等，我逐渐克服了这些困难并做出了最符合自己心意的选择。当提交志愿的那一刻，我仿佛看到了自己即将踏上的一段崭新而充满挑战的人生旅程。

我对未来充满了无限的憧憬和期待。我深知成为一名优秀的教师需要付出艰苦的努力和不懈的追求。在后来的学习生活中，我积极投身到专业知识的学习中去，不断提升自己的专业素养和教学能力；同时，我也积极参加各种教育实践活动和社团活动，锻炼自己的实践能力和组织协调能力；更重要的是，我始终保持一颗热爱教育事业的初心和一份为学生服务的热忱，用心去关爱每一个学生，去影响和改变每一个孩子。我相信在未来的道路上无论遇到多少困难和挑战，我都将勇往直前、不懈追求，最终实现自己的梦想和价值，圆儿时的梦想，成为一个好老师。

师范时光：中师岁月话成长①

在那个蝉鸣悠长的夏日，我怀揣着对教育的无限憧憬与热爱，踏入了中师校园的大门。那一刻，我仿佛走进了一个全新的世界，这里不仅是知识的殿堂，更是我梦想启航的地方。校园内绿树成荫，古朴的教学楼在阳光下显得格外庄重，空气中弥漫着淡淡的书香与青春的气息。

初来乍到，我对一切都感到既新鲜又陌生。记得第一次戴上中师校徽，那抹独特的设计仿佛为我印上了一层责任与使命的标识。入学之初，学校安排了一系列的新生教育活动，包括校史介绍、课程导论、安全教育等。通过这些活动，我逐渐了解了中师的历史沿革、办学理念和培养目标，也更加明确了自己未来的发展方向。那一刻，我深知，这不仅仅是一段学习旅程的开始，更是我人生道路上的重要转折点。

中师的生活是多彩与充实并存的，每一天都充满了不同的色彩和气息。清晨，当第一缕阳光穿透云层、照亮校园时，我已经开始了新的一天。操场上，同学们或跑步锻炼，或晨读背诵，每个人的脸上都洋溢着青春的活力与朝气。课堂上，老师们用生动的语言和丰富的案例，将枯燥的知识变得生动有趣。我认真听讲，积极思考，踊跃发言，享受着知识带来的乐趣与满足。课后，图书馆成了我的第二课堂，在这里查阅资料、开阔视野、深化理解。

除了学习，中师的校园生活还充满了各种活动和比赛。艺术节上，我展示自己的才艺，用歌声、舞蹈、绘画等形式表达对美的追求与热爱，一曲《阿里山的姑娘》把我推上了舞蹈表演的舞台，第一次感受到了舞蹈的魅力；运动会上，挥洒汗水，挑战自我，为班级争光；社团活动中，根据兴趣爱好，我加入

---

① 本文写于 1988 年 7 月中师毕业前夕，记录我两年中师生活所感所悟，原文标题《中师生活：不一样的人生履历》。

不同的社团，与志同道合的朋友一起交流学习、共同成长。

中师的专业学习是严谨而深入的，理论与实践并重。不仅要掌握扎实的学科知识，还要具备教育教学的基本能力和素养。在课程设置上，学校充分考虑了师范生的特点和需求，开设了教育学、心理学、教材教法、现代教育技术等必修课程，以及音乐、美术、体育、演讲等选修课程。在学习过程中，我深刻体会到了理论与实践相结合的重要性。理论学习提供了坚实的理论基础和思维框架，而实践教学则可将所学知识应用于实际教学中，不断检验和完善自己的教学技能。我定期参加教学观摩、模拟授课、教育实习等活动，通过亲身实践来提升自己的教学能力和水平。此外，学校还鼓励我们积极参与教育科研活动，培养创新意识和研究能力。在老师的指导下，我参与了一些小课题研究和小论文撰写工作，在查阅资料、分析数据、撰写报告等过程中，不仅加深了对专业知识的理解，还锻炼了自己的科研能力和团队协作能力，激发了教育科研兴趣和内驱力。

在中师的日子里，我遇到了许多优秀的老师和同学，他们给予了我无私的帮助和关怀，让我感受到了家的温暖和力量。老师们不仅传授知识给我们，更以身作则地教会了我们做人、做事。他们用自己的言行诠释了教育的真谛和教师的责任与使命。

记得有一次，我在学习上遇到了瓶颈，心情十分沮丧。班主任彭老师发现了我的异常后，主动找我谈心。她耐心地倾听我的困惑和烦恼，并给出了中肯的建议和鼓励。在她的帮助下，我逐渐走出了低谷，重拾了信心和勇气。那一刻，我深刻体会到了师生情谊的珍贵和力量。

除了老师之外，同学们之间的友谊也让我倍感珍惜。我们一起学习、一起生活、一起成长，共同度过了许多难忘的时光。有一次与同学徒步毅行道吾山，往返 40 多公里，下午 2 点才到达我家，饿得不行了，我母亲临时做饭，同学们吃完饭后又欢歌笑语赶回学校，我们在彼此的陪伴和支持下，变得更加坚强和勇敢，更加志同道合，30 多年来同学感情一直保持真诚和友好。

中师的课外活动丰富多彩，社团风采各异。我加入了学校的文学社和音乐社。在文学社里我结识了一群热爱文学的朋友，我们一起阅读经典、创作诗歌、撰写散文，偶尔有 1～2 篇小文章在《浏阳日报》刊登，享受着文字带来的乐趣与满足。我原本感觉自己没有任何音乐细胞，五音不齐，但在音乐社里，却发现自己有音乐节奏感，于是与同学们一起排练合唱、舞蹈，参加演出，感受着音乐带来的激情与震撼。通过这些课外活动，我不仅展现了自己的才华和魅力，还学会了如何与他人合作，如何在团队中发挥自己的作用。这些经历让我变得更加自信和开朗，为未来走向教师岗位打下了基础，也让我更加珍惜与同学们之间的友谊和合作。

实习是中师学习生涯中不可或缺的一部分，是理论与实践的碰撞，它让我们有机会将所学知识应用于实际教学中检验自己的教学能力和水平。阳春三月，我们驱车来到了浏阳市镇头镇进行教育实习，我们班同学被分到镇头镇内多所小学，实习一个月后，分配到条件简陋的关口中学见习一年。

实习期间，我深入小学课堂与孩子们面对面地交流和学习。刚开始实习时，我有些紧张和不安。毕竟这是我第一次真正站在讲台上面对一群学生。但是当我看到孩子们那一张张天真无邪的笑脸，听到他们那一声声清脆悦耳的问候时，我所有的紧张和不安都烟消云散了。我全身心地投入教学中，用心地备课、上课、批改作业，尽我所能地帮助孩子们解决学习上的问题。

在实习的每一天里，我深感责任重大。不仅要传授知识，更要激发孩子们的学习兴趣，引导他们形成良好的学习习惯和价值观。我尝试着用各种教学方法和手段，让课堂变得生动有趣，让每一个孩子都能参与到学习中来，感受到学习的快乐。

记得有一次，我教授的是一篇关于自然风光的课文。为了让学生们更好地理解和感受课文中的美景，我特意准备了几幅自然风光画，展示了大自然的壮丽景色。当展示风光画时，我看到了孩子们眼中闪烁的光芒，听到了他们发出的惊叹声。那一刻，我深刻感受到了教学的魅力，也更加坚定了要成为一名优秀教师的决心。

实习期间，我还遇到了许多挑战和困难。比如，如何有效地管理课堂纪律，如何针对不同学生的特点进行差异化教学，如何与家长进行有效沟通等。这些问题都让我倍感压力，但也正是这些挑战，促使我不断反思和改进自己的教学方法，提升自己的教学能力。

通过实习、见习，我深刻体会到了理论与实践之间的差距。书本上的知识是宝贵的，但真正的教学却需要我们在实践中不断探索和创新。我学会了如何根据学生的实际情况调整教学策略，如何与家长建立良好的合作关系等。这些宝贵的经验和教训对我未来的教学生涯产生了深远的影响。

中师生活并非一帆风顺，我也面临过许多挑战和困难，并且在挑战中突破自我，在磨砺中渐进成长。学习上的压力、人际关系的处理、自我认知的迷茫等都曾让我感到困惑和无助。但是，正是这些挑战促使我不断突破自我，实现自我成长。

面对学习上的压力，我学会了合理规划时间，提高学习效率。我制订了中师规定的课程外的详细学习计划，并严格按照计划执行。我还报名参加了全国英语大专自学考试。同时，我也注重积累学习方法和技巧，不断提升自己的学习能力和水平。

在人际关系方面，我逐渐学会了如何建立和维护良好的人际关系。我积极参加班级和社团的活动，与同学们多交流、多合作。在相处中，我学会了尊重他人、理解他人、包容他人，也收获了真挚的友谊和信任。

在自我认知方面，我通过不断的反思和总结，逐渐明确了自己的优势和不足。我认识到自己的性格特点和兴趣爱好，也意识到了自己的欠缺和不足。

通过不断的挑战和突破自我，我变得更加坚强和自信，学会了在困难面前不低头、不放弃，在挫折面前不气馁、不灰心。我深知只有不断地努力和进步，才能赢得更好的未来。

转眼间，中师生活画上句号。站在毕业的门槛上回望过去两年的点点滴滴，我不禁感慨万千。这两年里，我经历了许多，也收获了许多。我见证了自己的成长和蜕变，也结识了许多志同道合的朋友和师长。

对于未来，我充满了期待和憧憬。我深知作为一名师范生，未来的道路既充满机遇也充满挑战。我将以更加饱满的热情和坚定的信念迎接未来的挑战，努力成为一名优秀的教师，为教育事业贡献自己的力量。

我相信，只要心怀梦想、脚踏实地、勇往直前，就一定能够越走越远，走出属于自己的精彩教育人生！

心灵触摸：教育启航心花放①

清晨的第一缕阳光穿透薄雾，温柔地洒在了乡村小道上，给这个平凡的日子披上了一层金色的外衣。我，一名刚刚从师范毕业的年轻教师，怀揣着对未来的无限憧憬与一丝紧张，踏上了前往新工作单位的征途。心中反复模拟着即将发生的一切，既期待又忐忑，因为我知道，从这一刻起，我的人生将翻开崭新的一页——我将成为一名真正的教师，站在那神圣的三尺讲台上，播种知识，启迪心灵。

随着行李箱轮子在青石板路上发出有节奏的声响，我缓缓步出家门，回望这座养育了我二十年的小村庄，心中充满了感激与不舍。家人的叮咛与祝福在耳边回响，他们的目光如同温暖的灯塔，照亮了我前行的道路。我深吸一口气，告诉自己："是时候出发了，去追寻自己的教育梦想吧！"

骑着父亲特意为我上班新买的永久牌自行车，穿梭在乡间小道，沿途的风景如电影画面般一一掠过。这是熟悉而又逐渐陌生的景色，它们似乎在诉说着时间的流转与生活的变迁。而我的思绪，早已飘向了即将到达的那所学校——我的初中母校，想象着离开母校六年后那里的校园、学生、同事以及我即将开启的教育生涯。

半个小时路程，我抵达了那所梦寐以求的学校。站在校门口，一股庄严又不失温馨的气息扑面而来。没有围墙，没有校门，四栋泥土木制平房，共八间教室，跟六年前我读初中时候的校舍不同，墙面粉刷了，铺上了水泥地面，其他无任何改变。我深吸一口气，迈开坚定的步伐，走进了这个即将成为我第二

---

① 本文是 1987 年 9 月 1 日，我被分配到关口中学实习，报到开学当日晚上写的一篇关于开启教坛生活所思所想的随笔。

个家的地方。

校园内显得格外宁静而美好。学生们在操场上嬉戏打闹，欢声笑语此起彼伏，为这所校园增添了几分生机与活力。我沿着操场小道漫步，不时有学生向我投来好奇的目光，或是羞涩地打声招呼，那一刻，我仿佛已经融入了这个大家庭。

带着紧张又激动的心情，我来到了校长办公室报到。校长是我的初中老师，一位和蔼可亲的长者，他微笑着接过我的报到证，仔细地翻阅着，不时点头表示赞许。在一番简短的交流后，校长对我的到来表示了热烈的欢迎，并详细介绍了学校的基本情况、教学理念以及对我的期望。他的话语中充满了信任与鼓励，让我感受到了作为一名教师的责任与使命。

随后，在教务主任的带领下，我参观了学校的各个教室、办公室以及教学设施。每一处都显得那么整洁、有序，充满了浓厚的学习氛围。我暗暗下定决心，一定要尽快适应这里的环境，努力工作，不辜负学校对我的信任和期望。

报到当天，我有幸见到了许多热心的同事。他们或是经验丰富的老教师，或是与我一样初出茅庐的新人，大家热情地向我打招呼，询问我的情况，并分享自己的教学经验和心得。在他们的帮助下，我很快熟悉了学校的各项规章制度和工作流程。我深刻感受到，这不仅仅是一所学校，更是一个温暖的大家庭，每个人都在为共同的教育事业而努力奋斗。

当我第一次走进班级，面对那一双双清澈明亮、充满好奇的眼睛时，我的心中涌起了一股莫名的感动。这些孩子们，就像是春天里刚刚破土而出的嫩芽，渴望阳光雨露的滋润，也渴望知识的灌溉。我暗暗告诉自己，一定要成为他们成长道路上的引路人，用爱心和智慧去点亮他们的心灵之灯。

报到后的日子里，我迅速投入紧张而忙碌的教学工作中。面对全新的教学环境和学生群体，我遇到了许多前所未有的挑战。如何设计生动有趣的教学方案以吸引学生的注意力？如何因材施教，满足不同学生的学习需求？如何与家长建立良好的沟通机制，共同促进学生的全面发展？这些问题一度让我感到困惑和迷茫。

然而，正是这些挑战促使我不断成长和进步。我积极向老教师请教，参加各类教学培训和研讨活动，不断提升自己的教学能力和专业素养。同时，我也努力与学生建立良好的师生关系，倾听他们的心声，关注他们的成长需求。在这个过程中，我逐渐找到了属于自己的教学风格和方法，也收获了学生们纯真的笑容和信任的目光。

自报到的那一刻起，我深刻感受到了作为一名教师的责任与担当。

教师不仅是知识的传递者，更是学生心灵的引路人。我的任何言行举止都可能对学生产生深远的影响。因此，我必须时刻保持谦逊谨慎的态度，不断学习新知识、新技能，以更加饱满的热情和更加专业的素养去迎接每一天的教学工作。同时，我也意识到教育工作的复杂性和艰巨性。面对不同性格、不同背景的学生群体，我需要有足够的耐心和智慧去引导他们成长。在这个过程中，我不仅要关注学生的学习成绩和知识技能的提升，更要关注他们的身心健康和全面发展。只有这样，我才能真正履行好教师的职责和使命。

自报到的那一刻起，我满怀希望地展望未来。

教育之路，虽长且艰，但我深知，每一步都将踏出成长的足迹，每一次努力都将为孩子们的未来铺就坚实的基石。我期待着与学生们共同度过的每一个日夜，从他们纯真的笑脸中汲取力量，从他们求知的眼神中找到方向。我渴望成为他们成长道路上的良师益友，不仅传授知识，更教会他们如何做人、如何面对生活的挑战。

在未来的日子里，我计划通过不断学习和实践，提升自己的教育教学能力。我将积极参与各类教育教研活动，与同行交流心得，借鉴先进的教学理念和方法。同时，我也将关注教育前沿动态，努力为学生们创造更加丰富、多元的学习体验。

我深知，教育不仅仅是学校的事情，更是家庭、社会共同的责任。因此，我将加强与家长的沟通与合作，共同关注孩子的成长与发展。我相信，家校共育能够形成强大的教育合力，为孩子们营造一个更加和谐、健康的成长环境。

我相信，在学校的支持下、在同事们的帮助下、在家长们的配合下，我一定能够成为一名优秀的教师，为教育事业贡献自己的力量。我也期待着与学生们一起成长、一起进步，共同书写属于我们的精彩篇章。

站在这个新的起点上，我深知前方的道路既充满挑战也充满希望。但我相信，只要我怀揣着对教育的热爱与执着，脚踏实地地走好每一步，就一定能够迎来更加辉煌的明天。因为，我深知——未来可期，教育之路，我与你同行！

清贫岁月：简单而朴实的教育生活^①

八、九十年代是一个充满变革与转型的时代，它不仅见证了国家经济的逐步复苏，也烙印下了无数普通人生活的艰辛与奋斗。在那个物质并不充裕的年代，教师们以其特有的坚韧与奉献，撑起了教育的脊梁，用微薄的收入、简陋的条件，书写着一段段感人的故事。

八、九十年代，教师的工资收入普遍偏低，远远不能与当代社会的薪酬水平相提并论。刚参加工作，我不到 60 元的月薪往往只够维持基本的生活开销。在那个物价相对稳定的年代，虽然没有现今的通货膨胀压力，但收入的微薄依然让生活显得捉襟见肘，每到月底就成了月光族。记得当时我带着爱人弟弟在学校读书，没钱乘车，于是骑着自行车往返 100 多公里回家。每个月工资仅仅供 2 个人伙食和零用开支，特别是常常还不能按时发放工资，有时发下来的不是现金，而是需要购买的国库券或修路债券，拿到国库券或债券就要去找人打折转卖变现。很多时候为了补贴家用，我不得不节衣缩食，在学校开垦荒地，种点蔬菜，减少生活开支。

八、九十年代的物资供应相对紧张，市场上商品种类有限，且往往需要凭票购买。对于教师家庭而言，能够购买到足够的日常生活用品已属不易，更别提享受什么奢侈品了。衣服往往是"新三年、旧三年、缝缝补补又三年"，饮食也以粗茶淡饭为主，偶尔能够吃到一些鱼肉或水果等"奢侈品"，都会被视为难得的佳肴。然而，正是在这样的物质条件下，我依然保持着乐观向上的心态，用勤劳的双手和智慧的大脑创造着属于自己的幸福生活。

与今天宽敞明亮的教师公寓相比，八十年代的教师住房条件显得尤为简陋。

---

① 1992 年 9 月 10 日，学校举行择址新建落成典礼，当晚，我有感而发，写了一篇随笔，回忆在学校旧址工作五年期间，教育生活的点点滴滴，原文标题《别了，我的第一个五年教书生涯》。

我住在学校平房里，房间不到 6 个平方米，设施简陋，没有独立的卫生间和厨房，只有公共厕所，用水要去校外挑水，九十年代初成家有了小孩后，仍然住在这狭小的房间里，集住宿、办公、做饭于一体，自得其乐。冬天，寒风透过薄薄的窗纸侵入室内，冻得人直打哆嗦；夏天，则闷热难耐，蚊虫叮咬。尽管如此，我跟很多老师一样依然坚守岗位，用心教书育人，无怨无悔。

尽管生活条件艰苦，但我对于教育的热爱与投入却丝毫未减，将全部的热情与智慧都倾注在了学生身上：为了提高学生成绩，不惜牺牲休息时间，义务为学生补课、答疑；为了激发学生的学习兴趣，不断创新教学方法，引入生动有趣的案例和实验；不仅要关注学生的学习，还关心学生的生活、心理和情绪状态，成为学生心灵的导师和朋友。

在那个年代，我始终心无旁骛地教书育人，每天都是"教室—食堂—住房"三点一线，教学工作任务繁重，同时教授了英语、体育课程，并承担班主任工作，每周 20 多课时。不仅要完成日常的教学工作，还要负责学生的日常管理、心理辅导以及家校沟通等工作。这种"不分上班下班"的工作状态，使得日常生活充满了单调与繁忙。

当时，教师这一职业并未得到全社会的广泛认可和尊重。一些人认为教师不过是一个"教书匠"，工作辛苦但收入微薄，社会地位不高，这种社会认知的偏见，让许多老师感到自卑和无奈。记得有一次同事带我去一个效益特别好的集体企业去相亲，至今记忆犹新。那个集体企业有一千多职工，大部分是女职工，年轻女孩子不少，她们当时的月薪超过 200 元，是我月薪的 3 倍多。我来到了厂房后，刚好是下班时间，同事的爱人在企业搞管理，一下子介绍来了10 个女孩子，当这些女孩子听到我是老师的时候，不到 5 分钟陆陆续续就走了9 个，剩下的一个女孩子跟我交往不到一个月，就没有音讯了。后来我才知道，老师待遇低，相亲都很难成功啊。我为此曾失落过，彷徨过，这种孤独与无助的感受，让我更加深刻地体会到了教师职业的艰辛与不易，激发了我继续奋进的斗志。

面对清贫的生活和繁重的工作压力，我展现出了坚韧不拔的心态和积极的调适能力，深知生活的艰辛和不易，但并没有因此而怨天尤人、自暴自弃；相反，我选择了积极面对、乐观向上的态度来应对生活中的困难和挑战。我通过读书学习来丰富精神世界、提升专业素养，通过参与社会活动和志愿服务来拓展视野和胸怀，通过与同事、朋友和家人的交流来分享彼此的快乐和忧愁，寻求心灵的慰藉和支持。正是这样的心态和调适能力，让我在清贫的生活中始终保持一颗平常心、一份淡然和从容。

八、九十年代虽然生活物资匮乏，但人与人的关系纯粹简单，尤其是师生情谊深厚。许多曾经的学生，在走出校园、步入社会后，依然深受我的影响，他们中的许多人成了各行各业的佼佼者，为国家的繁荣富强贡献着自己的力量。这种传承与影响，不仅是对那个时代的最好回报，也是对教育事业最崇高的致敬。

回顾八、九十年代的清贫生活，我不禁为自己的坚韧与奉献所感动。同时，我也应该看到，随着时代的变迁和社会的发展，教师的待遇和地位已经有了显著的提高。然而，无论时代如何变迁，教师所肩负的使命和责任永远不会改变，依然需要用心教书育人，用智慧和爱心点亮学生的心灵之火，永远保持安心从教、乐于从教的初心。

第二辑　第一次遇见，从摸石到过河

涟漪浅漾：第一次遇见学生①

在一个金秋送爽、硕果累累的季节里，我踏上了人生新的征程——成为一名人民教师。站在教室门外，手心微微沁出细汗，心中既有对未知挑战的忐忑，也有对未来无限可能的憧憬。那扇门，仿佛是连接梦想与现实的桥梁，每一次深呼吸都仿佛在告诉自己："准备好了吗？即将开启的，是你与一群年轻心灵相遇的旅程。"

初次相遇，既充满期待又略带紧张。对我而言，初为人师，特别是初次遇见学生的瞬间，总是被一种难以言喻的情感所充盈，融合了新奇、责任，以及一丝丝忐忑的复杂情感。

回想一个月前到学校报到，当得知自己要承担初三两个班的英语教学工作，成为一名中学英语教师时，我内心的激动难以言表。从小，我就对教师这个职业抱有崇高的敬意，总梦想着有一天站在三尺讲台上，用自己的知识和热情去点燃学生的心灵之火。为了这一刻，我进行了充分的准备：翻阅教材，设计教案，观看优秀教师的教学案例，甚至模拟授课给自己听。每一分努力，都是为了能在第一次与学生相见时，以最饱满的状态迎接他们。

终于，那个阳光明媚的早晨到来了。我提前半小时到达学校，站在教室外，透过窗户望向里面，一排排整齐的桌椅，黑板上还残留着上一节课的痕迹，空气中弥漫着一种既熟悉又陌生的气息。我深吸一口气，调整好自己的情绪，轻轻推开门，那一刻，时间仿佛凝固。

学生们或低头看书，或小声交谈，看到我这个新面孔，纷纷投来好奇的目

---

① 本文写于 1987 年 9 月 2 日晚，是我第一次走进教室，以教师身份遇见学生，实现身份转变的感想。

光。有的眼睛亮晶晶的，闪烁着期待；有的则显得有些拘谨，悄悄收起了手中的杂物。我微笑着走上讲台，清了清嗓子，准备开始我的开场白。

"同学们好，我是你们的新英语老师，姓刘，很高兴在这个学期和大家一起学习、成长。"我的声音在教室里回荡，虽然努力保持着镇定，但心跳还是不由自主地加速。那一刻，我深刻体会到了"台上一分钟，台下十年功"的含义，每一句话、每一个动作，都需要精心准备，才能展现出最好的自己。

第一次目光交汇，我仿佛能看到学生们眼中闪烁的好奇与渴望。我告诫自己，今天我不再是学生了，我当上老师了，我的身份和角色变了。但我学生模样的穿着，幼稚的脸庞，时不时暗自发笑的羞涩，总是与老师还不太相配。此时，遇见学生，他们的笑容，如同春日里初绽的花朵，纯真而富有感染力，瞬间驱散了我所有的不安与紧张。那一刻，我深刻感受到作为教师的荣幸与责任，仿佛被赋予了传递知识、启迪智慧的神圣使命。

第一次遇见学生，我便能叫出班上所有学生的名字。学生特别想知道，老师怎么会认得我？其实，为了快速记住每一位学生的名字和面孔，在短时间内了解他们的学习情况和性格特点，我提前一个星期就做好了功课，反复阅读学生档案，仔细比看学生照片，每个学生都深深地刻在我脑海里了。他们有的文静内敛，眼神中透露出对未知世界的深深思考；有的活泼开朗，一举一动都洋溢着青春的活力与热情。这些不同的面容和个性，汇聚成一幅幅生动的画卷，让我深刻体会到教育的多样性和挑战性。我意识到，未来的日子里，我将与这些独一无二的生命个体共同成长，见证他们的每一次蜕变与进步。

第一次遇见学生，也让我更加深刻地感受到了肩上的责任之重。作为他们成长道路上的引路人，我深知自己的每一句话、每一个行为都可能对他们产生深远的影响。因此，我更加坚定了自己作为一名教师的信念，决心以更加饱满的热情、更加严谨的态度投入教学工作中去。我希望，我的努力能够激发学生的学习兴趣，培养他们的创新思维和实践能力，引导他们成为有理想、有道德、有文化、有纪律的社会主义新人。

第一次遇见学生的瞬间，我心中充满了对未来的无限憧憬与希望。我相信，在接下来的日子里，我们将一起经历无数个难忘的瞬间，共同面对挑战、克服困难、分享喜悦。我也相信，通过共同努力和不懈追求，定能在教育的田野上收获满满的果实，为学生的未来铺就一条光明大道。

　　第一次遇见学生的感受是复杂而深刻的。这是我职业生涯中最难忘的一课。它让我深刻体会到了教师这个职业的魅力和价值所在，也让我更加明确了自己的目标和方向，我也将用自己的知识和爱心去点燃更多学生的心灵之火、照亮他们的人生之路。

忐忑出场：初登讲台的那一刻①

站上讲台的那一刻，无疑是独特而深刻的回忆。那一刻，我仿佛穿越了时空的隧道，从一名聆听者转变为传道授业解惑的引路人，心中涌动着复杂而丰富的情感。

当我第一次以教师的身份站上那梦寐以求的讲台，那一刻，仿佛时间凝固，所有的准备与期待都在这一刻汇聚成一股洪流，冲击着我的心灵。那不仅仅是一个物理空间上的站立，更是心灵深处的一次飞跃，是一次自我认同与成长的深刻体验。

站在讲台前，我首先感受到的是前所未有的紧张与忐忑。尽管在成为教师之前，我已经无数次在脑海中模拟过这个场景，但真正面对时，那份紧张感还是如潮水般涌来。我的双手不自觉地紧握成拳，手心微微出汗，喉咙也仿佛被什么东西卡住，声音变得有些颤抖。我深吸一口气，试图平复内心的波澜，但心中那个小小的声音仍在不断提醒："你准备好了吗？你真的可以吗？"

随着第一声"上课"的响起，我意识到，这一刻，我不仅仅是一个站在讲台上的教师，更承载着无数家庭和社会的期望。我的每一个动作、每一句话语、每一个眼神，都可能在学生心中种下不同的种子，影响他们未来的成长轨迹。这份沉甸甸的责任让我瞬间仿佛被赋予了崇高的使命，一种必须全力以赴、不负众望的决心油然而生。

然而，在紧张与责任之余，更多的是难以言喻的兴奋与激动。站在这里，那种将知识传递给学生、见证他们成长与进步的喜悦，让我感到无比的满足和幸福。我望着台下那一双双充满好奇与渴望的眼睛，仿佛看到了未来的希望与

---

① 本文写于 1988 年 9 月，是我参加工作一周年后写的一篇随笔，总结反思自己上第一节课的所思所悟，原文标题《初出茅庐的第一节课》。

光明。那一刻，我深深地感受到，教育不仅仅是传授知识，更是点燃火焰，激发潜能，引领孩子们走向更加广阔的天地。

初登讲台就任教初三英语，对我是一个极大的挑战。我是一个中师生，师范学校没有开设专业英语，我仅凭高中较为扎实的英语底子，加上师范两年自学英语，英语阅读、语法等方面有一定功底，但英语语音不太标准、英语写作能力不高。课前，我反复研读教材，对照录音磁带不断练习发音，对照镜子预先演练授课，反复背诵所教英语课文，无比充分的准备之下，我自信地走进教室，但第一节课我仅用 15 分钟就讲完了课前充分准备的内容，剩下的时间我却不知所措，我望着学生，学生望着我，无奈之下，要求学生自己读课文。走出课堂，我反复问自己：明明备课很充分，准备很充足，为何在课堂上一下子讲完了？讲台不容易站啊，我第一次带着挫败感，迷茫地走下了讲台。

当然，初登讲台的我也深知，这条路上充满了挑战与困难。如何更好地激发学生的学习兴趣？如何有效地管控课堂纪律？如何与学生建立良好的师生关系？这些问题如同一座座山峰，等待我去攀登。但正是这些挑战，让我更加坚定了前行的步伐。我不断学习、反思、实践，努力提升专业素养和教学能力。我深知，只有不断地成长与进步，才能更好地履行教师的职责与使命。

自站上讲台的那一刻起，我就感受到了来自四面八方的支持与鼓励。有同事们的无私帮助与指导，有家长们的信任与期待，更有学生们纯真的笑脸与感激的目光。这些温暖的力量如同阳光般照耀着我前行的道路，让我感受到了教育的温度与力量。我深知，这一切都是对我工作的肯定与认可，更是对我未来的鞭策与激励。

初登讲台的那一刻，虽然只是我教师生涯的起点，但它却为我开启了一段全新的旅程。我深知，未来的路还很长，还有很多未知与挑战等待我去面对。但我相信，只要我怀揣着对教育的热爱与执着追求，不断地学习、成长与进步，就一定能够成为一名优秀的教师，为培养更多优秀的人才贡献自己的力量。同时，我也期待着在未来的日子里，能够与更多的学生相遇相知，共同书写属于我的精彩教育人生。

胸怀匠心：难熬的第一次备课①

对我而言，成为新老师后的第一次备课，不仅是对我专业知识与教学技能的一次全面考验，更是心灵深处对教育热情与责任感的一次深刻触动。它不仅标志着我职业生涯的正式启航，更是一次心灵的洗礼与成长的飞跃。

当我第一次翻开那本沉甸甸的教材时，心中充满了敬畏之情。我深知，作为一名新老师，要想将这份宝贵的知识财富传递给学生，首先必须自己吃透教材，理解其精髓。

于是，我开始了漫长的研读之旅。初次面对教材，我感到既兴奋又忐忑。兴奋于即将探索知识的海洋，将深奥的学问转化为易于学生理解的语言；忐忑于如何准确把握教材的精髓，确保教学内容的全面性和准确性。从目录到章节，从正文到注释，我逐字逐句地阅读，用不同颜色的笔标注出重点、难点和疑点。在这个过程中，我遇到了许多挑战，有些知识点对我来说也是全新的领域。但正是这些挑战，激发了我探索未知的热情，也让我更加珍惜这次备课的机会。

在研读教材的基础上，我开始设定本次课的教学目标。我深知，教学目标是教学活动的核心，它决定了教学内容的选择、教学方法的运用以及教学效果的评估。因此，我力求使目标既具体又可操作，既符合教学大纲的要求，又能促进学生的全面发展。

八十年代还是双基教学，我设定的目标包括两个方面：一是基础知识目标，即让学生掌握本节课的基本概念、原理和规律；二是基本技能目标，即培养学生的思维能力、分析能力和解决问题的能力。这两个目标相互关联、相互促进，共同构成了我第一次备课的教学蓝图，力求目标的具体、有层次和可测。

---

① 从 1988 年暑期开始，我养成了寒暑假为下一个学期备课的习惯，本文写于当年暑期备课期间。

为了实现教学目标，我开始构思教学方法。我积极尝试新的教学模式和教学方法。我计划采用启发式、讨论式、案例式等多种教学方法相结合的方式，让学生在参与、互动中掌握知识、提升能力。

为了增强课堂的趣味性和吸引力，我还准备了一些生动有趣的案例和体验环节。比如，在教授英语句型时，我设计了一些情境，让学生通过角色扮演来感受英语语境；在教授英语阅读课文时，我选取了一些经典片段进行朗读和赏析，让学生在文字中感受文段的情感和思想。这些教学方法的运用，不仅提高了学生的学习兴趣和积极性，也让他们在实践中深化了对知识的理解和记忆。

在确定了教学目标和教学方法后，我开始规划课堂流程。我认真设计了每一个教学环节和步骤，力求做到环环相扣、层层递进。

我规划的课堂流程包括导入新课、讲授新知、课堂小结、巩固练习和布置作业五个环节。在导入新课时，我通常采用一个引人入胜的故事或问题来激发学生的兴趣；在讲授新知时，我注重启发学生的思维和想象力；在课堂小结时，我引导学生总结本节课的重点和难点；在巩固练习时，我会设计一系列有针对性的练习题来检验学生的学习效果；在布置作业时，我注重作业的针对性和差异性，以满足不同学生的学习需求。

为了更好地辅助教学，我精心准备了一些辅助教学资料。课堂上，我尽量将文字、图片、录音等多种元素融合在一起，设计出了丰富、形式多样的教学案，不仅直观地展示了教学内容，还增强了学生的学习兴趣和记忆效果。

在教学设计的过程中，我也遇到了一些困难。比如，如何选择合适的图片和教学材料来辅助教学？如何使板书设计既美观又实用？为了解决这些问题，我反复查阅资料、请教同事，并多次修改和完善教学案。最终，我制作出了一份份既符合教学要求又深受学生喜爱的教案。

在备课过程中，我会预设学生可能的反馈和反应。我提前思考学生在理解知识点时可能遇到的困难、在参与课堂活动时可能表现出的兴趣点以及可能提出的疑问等。通过预设学生反馈，我更加明确了教学重点和难点，也为我及时调整教学策略提供了依据。

我预设了几种可能的情况并制定了应对策略：如果学生在某个知识点上理解困难，我会采用更直观、更生动的教学方式来解释；如果学生在课堂活动中表现出浓厚的兴趣，我会适时地引导他们深入探究；如果学生提出了一些有价值的问题或见解，我会给予充分的肯定和鼓励，并引导他们进一步思考和讨论。

在备课过程中，我始终将情感融入其中。我深知，教育不仅仅是知识的传授和能力的培养，更是心灵的交流和情感的共鸣。因此，我注重在备课中融入自己的情感和态度，用真诚和关爱去感染学生、激励学生。我深知，教育的本质是爱，是师生间心灵的交流与共鸣。因此，在备课的过程中，我始终将关爱学生、尊重学生的个性差异放在首位。我思考如何通过自己的言行举止向学生传递出温暖、鼓励和支持的信息，让他们在课堂上感受到被尊重、被重视和被理解的氛围。

为了让学生更加积极地参与到课堂中来，我设计了一些互动环节，比如小组讨论、角色扮演、情境教学等，让学生在轻松愉快的氛围中表达自己的观点和想法。同时，我也注重观察学生的反应和情绪变化，及时给予他们肯定和鼓励，帮助他们树立自信心和自尊心。我相信，只有当学生感受到教师的关爱和尊重时，他们才会更加愿意学习、更加主动地探索知识的世界。

备课结束后，我并没有停下脚步，而是开始了深入的反思与总结。我回顾了整个备课过程，思考了在目标设定、方法构思、流程规划等方面的得与失，也认真分析了预设学生反馈与实际课堂反应之间的差异。通过这次反思，我更加清晰地认识到了不足和需要改进的地方，也更加明确了未来努力的方向。

回想当时，我作为新老师第一次备课的经历十分难熬。短暂而艰辛，但却给我留下了深刻的印象和宝贵的经验，那一次经历让我更加明确了教学目标和方向，也让我更加深入地理解了教育的复杂性和多样性。

初次亮相：第一次上公开课①

在三尺讲台上，每一位新教师的第一堂公开课无疑是一个重要的里程碑。它不仅是对个人教学能力的一次全面检验，更是教师职业生涯中一次难忘的经历。作为新老师，我站在那既熟悉又陌生的讲台上，面对着众多的目光与期待，心中涌动着难以言喻的激动与紧张。

在上公开课前几周里，我几乎将所有的精力都投入准备工作中。我深知，这是一次展示自我、学习交流的机会，我必须全力以赴。首先，我深入研读了教材，明确了教学目标和重难点，力求做到对课程内容了如指掌。接着，我精心设计了教学方案，从导入、新授、巩固到拓展，每一个环节都力求新颖、有趣，能够吸引学生的注意力。此外，我两次乘车前往浏阳一中去听廖伟平老师的课，仔细揣摩廖老师的教学理念、授课特点和课堂组织方式，回来对着镜子，反复模仿廖老师的授课风格。为了增强课堂的互动性和趣味性，我还准备了丰富的教具和教学辅助材料，如实物、音频、字画等。同时，我也对可能出现的问题进行了预设，并制定了相应的应对措施。

公开课当天，我早早地来到了教室，进行最后的准备。随着听课老师的陆续到来，我的心跳加速，手心也微微出汗。然而，当我看到学生们那一张张充满好奇与期待的脸庞时，我深吸一口气，努力平复自己的情绪。

随着一声清脆的上课铃响，我踏上了讲台，开始了我的公开课之旅。我首先用一段简洁而富有启发性的开场白引入课题，试图在第一时间抓住学生的心。虽然心中难免有些紧张，但我努力保持微笑，用亲切的语言和学生们交流，营造轻松愉快的课堂氛围。

---

① 1989年4月，我在城郊区教育办组织的全区英语教师课堂教学研讨会上讲了一堂公开课。研讨会结束后，我撰此教育随笔，原文标题《第一次上公开课后的所思所悟》。

在教学过程中，我严格按照事先设计好的教学方案进行授课。注重启发式教学，引导学生主动思考、积极发言。利用多种教学手段，如小组讨论、角色扮演、猜谜语等，让学生在参与中体验学习的乐趣。同时，我也非常注重与学生的互动，鼓励他们提出问题、分享观点，让他们在交流碰撞中不断成长。

课后，我收到了来自学生和听课老师的宝贵反馈。学生们普遍认为课堂内容丰富、生动有趣，能够激发他们的学习兴趣和主动性。他们对我的教学方法和态度给予了肯定，并希望我在今后的教学中能够继续保持。同时，他们也提出了一些中肯的建议，如希望我能更加注重维护课堂纪律、提高讲解的清晰度等。

听课老师们的反馈更加全面和深入。他们肯定了我的教学设计和教学方法的灵活多样，并指出了教学过程中的一些不足之处。他们建议我加强对学生思维能力的培养和训练，提高课堂时间的把控能力，加强与学生之间的情感交流等。这些建议让我受益匪浅，为我今后的教学提供了宝贵的指导。

这次公开课后，我认真复盘教学过程，深刻反思教学效果。我意识到自己在教学中取得了一些成绩和进步，如能够灵活运用多种教学手段、注重与学生的互动等。然而，我也清楚地看到了自己的不足之处。首先，对课堂节奏的掌控还不够熟练，导致在某些环节上出现了时间分配不当的情况。其次，在面对学生的突发提问或不同意见时，应变能力还有待提高。此外，还需要加强对学生思维能力的培养和训练，以及加强与学生之间的情感交流等。

针对这些不足之处，我制定了具体的改进措施。如加强课堂管理知识的学习和实践，提高教学设计的灵活性和应变能力，注重培养学生的思维能力和创新精神，加强与学生的沟通和交流等。

这次公开课对我来说是一次难忘的经历。它不仅展示了我的教学能力和风采，更让我在挑战中获得了成长和进步。当我看到学生们专注听讲、积极发言时，我感到无比的欣慰和满足；当我听到听课老师们中肯的评价和建议时，我更加坚定了自己作为教师的信念和追求。

透过这节公开课，我深深体会到，作为新老师，上好每一节课，需要磨炼教学基本功，不断追求专业成长与卓越教学。

一是加强理论学习，提升专业素养。要持续深入学习教育学、心理学等相关理论知识，不断提升专业素养。要通过参加教育培训、研读教育专著、订阅教育期刊等方式，了解最新的教育理念和教学方法，为自己的教学实践提供理论支持。

二是深化教学研究，优化教学设计。要进一步深化教学研究，根据学生的实际情况和学科特点，精心设计每一堂课。要注重教学内容的选取与组织，力求做到既符合课程标准，又贴近学生生活。同时，要关注教学方法的创新与实践，不断探索更加高效、有趣的教学方式，激发学生的学习兴趣和主动性。

三是强化教学反思，总结教学经验。要养成定期进行教学反思的习惯，及时总结自己在教学中的得失与经验。要通过撰写教学日志、听课评课、课例反思、与同事交流等方式，不断审视自己的教学实践，发现问题并寻求解决方案。同时，也要积极参与教学研讨活动，与同行分享教学经验与心得，共同促进教学质量的提升。

四是关注学生发展，构建和谐师生关系。要始终关注学生的全面发展，尊重学生的个性差异和成长需求，通过加强与学生的沟通与交流，了解学生的内心世界和学习动态。同时，要关注学生的学习方法和习惯养成，为学生提供有针对性的指导和帮助。在此基础上，努力构建和谐的师生关系，营造积极向上的学习氛围，为学生的健康成长提供有力保障。

五是积极参与学校活动，展风采，结同道。要积极参与学校组织的各项活动，如公开课展示、教学比赛、校本研修策划、课题研究等。这些活动，不仅可以展示自己的教学能力和风采，还可以结识志同道合的学术伙伴，与之进行广泛深入的交流合作。

第一次公开课对我来说，既是一次宝贵的经历，也是一次深刻的反思与成长。自此以后，我以这次公开课为契机，继续努力学习、勤奋工作，研究课标、吃透教材、了解学情，不断提升自己的专业素养和教育理念，让课堂成为师生共成长的生命场。

得意之作：第一次主题班会①

参加工作第一年，学校安排我担任了班主任，对于新老师来说，这是一个富有挑战的岗位。为了尽快融入这个大家庭，促进班级成员间的相互了解与团结，我精心策划并组织了第一次主题班会。这次班会不仅是我与学生共同成长的起点，也是班级文化建设的基石。

在筹备之初，我深入思考了班级当前的需求与特点：新生入学，彼此陌生；学习目标尚未明确，团队凝聚力有待加强。因此，我确定班会的主题为"班级如家，携手同行"，旨在通过活动增进同学间的了解，明确班级目标，激发大家的集体荣誉感和归属感，共同为班级的未来努力。为此，我分三步设计和组织第一次主题班会。

第一步：主题班会前准备

一是问卷调查：提前设计并发放了一份问卷，了解同学们的兴趣爱好、特长及对班会的期望，以便更好地融入他们的视角设计活动。

二是资料搜集：收集了一些关于团队合作、励志成长的故事和互动游戏，为班会内容做准备。

三是环境布置：与班委合作，利用教室空间进行简单而温馨的布置，营造积极向上的氛围。

第二步：主题班会具体流程

开场致辞：简短介绍自己，阐述班会意义，引出主题。

---

① 本文是在 1987 年 9 月第一次主题班会教案设计基础上改写的，内容有增删。

破冰游戏：设计"名字接龙""快速问答"等小游戏，打破同学间的陌生边界。

主题演讲：由我进行，围绕"携手同行"的重要性，分享成功案例，激励学生。

小组讨论：分组讨论"我心中的班级愿景"，每组派代表分享。

才艺展示：鼓励学生自愿上台展示特长，增强自信心和班级凝聚力。

目标设定：集体制定班级短期与长期目标，达成共识。

结束语与寄语：总结班会收获，鼓励学生持续努力，共同成长。

第三步：主题班会时间安排

14：30—14：35：开场致辞与主题介绍

14：35—14：45：破冰游戏环节

14：45—14：50：主题演讲

14：50—15：05：小组讨论与分享

15：05—15：20：才艺展示

15：20—15：25：目标设定

15：25—15：30：结束寄语

在班会过程中，我特别注重激发学生的参与热情与主动性。破冰游戏、小组讨论和才艺展示等环节的设计，让每个学生都有机会展示自我、表达观点、交流思想。鼓励学生们在互动中相互学习，不仅是知识和技能上的交流，更是情感和价值观的共鸣。我相信，只有当每个学生都感受到自己被看见、被听见，他们才会更加积极地融入集体，为班级的共同目标贡献力量。

为了进一步促进同学间的互动与学习，我还设置了"同伴交流"环节，让同学们随机与邻座的同学进行短暂但深入的对话，分享学习经验、兴趣爱好或是对未来的憧憬。这样的设计有助于打破原有的小圈子，让更多的友谊在班级中生根发芽。

此外，我强调反馈与表扬的重要性。在每个环节的结尾，邀请同学们相互给予正面的反馈和表扬，用言语肯定他人的努力和成就。这不仅能够增强学生的自信心，还能营造出一种积极向上、相互支持的班级氛围。同时，根据同学们的反馈，不断调整和完善后续的班会计划，确保每次活动都能更加贴近学生的需求和期待。

在班会的最后阶段，我们共同制定了班级的短期与长期目标，引导同学们思考："作为班级的一员，我们能够在哪些方面取得进步？""未来一年内，我们班级最想要达成的目标是什么？"通过集体讨论和投票，我们确定了包括提升学业成绩、增强团队协作能力、参与校园文化活动等在内的多个具体目标。

这些目标的制定过程本身就是一个学习和成长的过程。它让同学们意识到自己是班级发展的积极参与者和建设者，而非被动的接受者。同时，这些具体而明确的目标也将成为我们班级前进的动力和风向标，引领我们在未来的日子里不断努力奋斗。

回顾这次主题班会的全过程，我深感欣慰和激动。看着同学们从最初的陌生到逐渐熟悉，从害羞不语到主动交流，我感受到了班级凝聚力正在逐渐形成。这不仅仅是一次简单的活动组织过程，更是一次深刻的教育实践经历。它让我更加坚信：只要用心去爱每一个学生，用心去营造一个和谐、向上、充满爱的班级氛围，我们就能够创造出更多不可思议的教育奇迹。

同时，我也深刻认识到自己还有很多需要学习和改进的地方。比如：如何更好地调动每个同学的积极性？如何更好地处理同学间的矛盾和冲突？如何更加高效地组织和管理班级活动？这些都是未来需要不断探索和实践的问题。

最后我想说，感谢这次主题班会给我和同学们提供了一个宝贵的学习和成长机会，让我们一家人携手同行，在相互理解、尊重和支持中共同成长！

附：主题演讲内容摘选

亲爱的同学们：

大家好！今天，我们齐聚一堂，共同开启这段崭新的学习旅程。作为你们的新班主任，我深感荣幸，也充满期待。

回望历史长河，无数伟大的成就背后，都离不开团队的紧密合作与共同奋斗。正如古人云："独木不成林，单弦难成曲。"在这个充满挑战与机遇的时代，我们每一个人都是班级这个大家庭中不可或缺的一员。我们的梦想、努力与成就，都将紧密相连，相互影响。

我想和大家分享一个《逆境之光》的故事：一群年轻人面对着看似不可逾越的障碍，但正是那份不离不弃的团队精神，在困境中携手前行，让他们一次次克服困难，最终创造奇迹。（具体情节内容略）这个故事告诉我们，无论未来道路上遇到多少坎坷，只要我们心往一处想，劲往一处使，就没有克服不了的困难。

班级中，每个人都有自己独特的才能和闪光点。当我们将这些力量汇聚在一起时，就能形成一股不可阻挡的力量，推动我们班级向着更高的目标迈进。因此，在未来的日子里，我们能够携手同行，相互学习，共同进步。

为了实现这一目标，我们需要做到以下几点：一是建立信任与尊重，学会倾听他人的意见和建议；二是积极参与班级活动，为班级荣誉贡献自己的力量；三是勇于承担责任，面对困难不退缩，勇于挑战自我；四是保持积极向上的心态，用乐观和热情感染周围的人。

我相信，在大家的共同努力下，我们的班级一定会成为一个团结、奋进、充满爱的集体。让我们携手并肩，共同书写属于我们的辉煌篇章吧！

"慧"做转化：第一次与调皮学生"过招"①

每一位新班主任都会遇到形形色色的学生，其中，调皮学生往往是最具挑战性的一个群体。他们或因好奇而捣乱，或因叛逆而挑衅，给班级管理带来不小的困扰。然而，正是这些看似棘手的"过招"，成了新班主任成长路上的重要磨砺。作为一名新班主任，教育转化调皮学生是一门艺术，需要有一些应对策略和思考。

1988 年 9 月，我新接任了一个班的班主任，班上有几个老师眼里的"淘气生"，学生眼中的"另类"。A 同学经常喜欢欺负弱小学生，不少学生畏惧他；B 同学喜欢打骂同学，存在暴力倾向；C 同学经常顶撞老师，扰乱课堂。我作为一名新班主任老师，面对这样的"调皮"学生，要转化他们是不小的挑战。

面对调皮学生，不能急于下结论或采取惩罚措施。应该静下心来，通过家访、与前任老师交流等方式，深入了解这些学生的家庭环境、成长经历和学习习惯。很多时候，调皮行为背后隐藏着复杂的家庭问题、学习困难或情感缺失。只有了解了这些，我们才能找到问题的根源，从而对症下药。每个学生都是独一无二的个体，调皮学生也不例外。他们可能拥有独特的兴趣爱好、思维方式或行为模式。作为班主任，应该尊重学生的个性差异，避免用单一的标准去衡量和评价他们。在了解他们的基础上，尝试以他们的视角看世界，理解他们的行为和情感需求。

要以情感为桥梁建立密切的师生关系。与调皮学生建立良好关系的第一步是积极关注和倾听他们。要主动关心他们的学习、生活和情感状态，耐心倾听他们的想法和困惑。当他们感受到被重视和理解时，就会更愿意打开心扉，接

---

① 本文是 1991 年暑期，在全乡中小学教师培训会议上，我作为班主任老师代表的经验发言，原文标题《做好班级后进生转化的实践思考》，内容略有删减。

受老师的教育和引导。要体现老师的关爱与信任。调皮学生往往因为在学习或行为上得不到认可而更加叛逆，因此，作为班主任，要用实际行动展现对他们的关爱和信任。比如，在他们取得进步时给予及时的表扬和鼓励，在他们遇到困难时伸出援手提供帮助，在他们犯错时给予理解和宽容并引导他们认识到自己的错误。这样的关爱和信任能够逐渐融化他们心中的冰霜，让他们感受到班主任的温暖和力量。

要因材施教，多管齐下。一是针对调皮学生的不同情况，要制订个性化的教育计划。这个计划应该包括学习目标、行为规范、兴趣培养等多个方面。通过设定明确的目标和具体的措施，帮助学生逐步改变不良习惯，提高学习成绩和综合素质。同时，还要定期评估教育效果，根据实际情况调整计划内容和方法。

二是运用正面激励与引导。调皮学生往往对传统的批评和惩罚教育方式产生抵触情绪。因此，应该更多地运用正面激励和引导的方式来教育他们。比如，设立"进步之星""文明学生"等奖项来表彰他们的优点和进步；组织丰富多彩的课外活动来激发他们的兴趣和潜能；邀请他们担任班级干部或小组长来培养他们的责任感和集体荣誉感；应善于观察和发现学生的闪光点，如运动能力、艺术天赋、创新思维等，并鼓励他们在这些领域发展。这些正面激励和引导能够让学生感受到成功的喜悦和成就感，从而更加积极地投入学习和生活中去。

三是行为干预，适度惩戒。对于调皮学生的不良行为，教师应采取及时、有效的干预策略。首先，教师应明确告知学生哪些行为是不被接受的并说明原因；其次，教师应与学生共同制订改进计划并提供必要的支持和帮助；最后，如果学生的行为仍未得到改善，教师可视情况采取适度的惩戒措施以维护班级秩序。

惩戒应遵循公正、合理、适度的原则。惩戒是为了纠正学生的不良行为并促进他们的正向发展，而非单纯的惩罚和报复。因此，惩戒措施应与学生的不良行为相匹配，既要有一定的威慑力，又要避免对学生造成心理伤害。同时，教师应确保惩戒的公开性和一致性，即所有学生都清楚知道哪些行为会受到惩戒，并且这些惩戒在所有学生身上都是公平施行的。

在实施惩戒时，教师还应注重将惩戒与引导相结合。即在惩戒之后，教师应及时与学生进行沟通，帮助他们认识到自己的错误所在，并引导他们找到改正的方法。这种"惩戒后教育"的方式有助于调皮学生从根本上认识到问题的严重性，并积极寻求改变。

四是进行心理辅导，关注调皮学生的身心健康。教师应具备识别调皮学生心理问题的能力，通过观察其言行举止、情绪变化以及与其他同学的互动关系等方面，教师可以初步判断调皮学生是否存在心理问题或困扰。对于存在心理问题的学生，教师应及时给予关注和引导。对于需要心理支持的调皮学生，教师应积极为他们提供帮助，包括提供情绪疏导、心理咨询或引导其向专业心理机构求助等方式，帮助学生缓解压力、调整心态并重新找回自信和动力。

在关注调皮学生的心理健康的同时，教师还应关注学生的身体健康。通过合理安排作息时间、组织体育锻炼和健康教育等方式，教师可以帮助学生养成良好的生活习惯和锻炼习惯。一个身心健康的学生更容易接受教育和引导，也更容易在学业和生活中取得成功。

五是密切家校合作，形成教育转化合力。面对调皮学生时，要积极与家长沟通合作，共同促进学生的健康成长。可以定期邀请家长来校交流学生的学习和生活情况；向家长介绍学校的教育理念和方法；听取家长的意见和建议；共同探讨解决学生问题的方法和途径；通过家访、电话、家长会等方式，教师可以向家长介绍学生的在校表现及存在问题，并听取家长的意见和建议；教师应与家长共同制订教育计划并协同实施，双方应相互支持、密切配合，共同关注学生的学习、品德、心理等方面的发展，为学生的健康成长提供有力保障。

总之，在与调皮学生"过招"的过程中，要不断反思自己的教育实践，思考哪些方法是有效的，哪些方法需要改进，如何更好地满足学生的需求和期望。通过反思和总结，教师可以不断完善自己的教育理念和方法，加强教育的针对性和实效性。在与调皮学生"过招"的过程中，可能会遇到挫折和困难，但只要保持信心和决心，用心关爱每一个学生，引导他们成长成才，就一定能够收获到教育的果实和喜悦。

问石探路：第一次做学生家访^①

家访，这一传统而又充满温度的沟通方式，如同桥梁般连接着家庭与学校，让教育的力量得以更深入地渗透进每一个孩子的成长轨迹。对我而言，作为一个新老师，初当班主任的第一次家访经历，不仅是一次简单的走访，更是一次心灵的触碰，一个对教育本质深刻理解的契机。在一个金秋送爽的日子里，我乘着夜色，打着手电筒，行走在山间小道上，伴随着鸟叫声、虫鸣声，带着期盼与忐忑启程。

在首次家访前，我设定了几个明确的目标：一是全面了解学生的家庭背景、成长环境及性格特点；二是向家长传达学校的教育理念，增进家校之间的信任与合作；三是传递关爱与鼓励，让学生感受到来自学校和老师的温暖与支持，根据学生的实际情况，初步规划个性化的教育方案，为后续的教学工作打下基础。

带着这些目标，我精心准备了家访的材料，包括学生的在校表现、性格分析报告以及家访计划表，力求在有限的时间内高效地完成家访任务。然而，尽管目标明确，心中仍不免忐忑——毕竟，这是一次未知的旅程，我将面对的是怎样的家庭？又将如何开启对话？

第一次家访，我选择了 A 同学家作为起点。A 同学，在课堂上略显内向，但眼神中总是闪烁着好奇与渴望。敲开他家的门，迎接我的是他朴素而热情的父母。他们的小屋虽不宽敞，却收拾得井井有条，墙上贴满了 A 同学的奖状和学习计划表，透露出家庭对孩子教育的重视。

在交谈中，我了解到 A 同学的父亲是一位普通的工人，母亲在家操持家务

---

① 本文写于 1987 年 11 月，期中考试结束后，我对班上学生进行了一次普访，为了做好第一次家访，备足了功课，感受颇多，写此教育随笔。

并兼职做一些手工活，家庭经济条件并不宽裕。但正是这样的环境，锻造了 A 同学勤奋、自律的品质。他每天除了完成学校的作业，还会主动帮助父母分担家务，这样的场景让我深受触动。我意识到，每个孩子都是独特的，他们的成长故事背后，是家庭环境、父母期望与个人努力的交织。

随后的家访中，我遇到了形形色色的家庭：有书香门第，父母都是教师，对孩子寄予厚望，却也给了孩子足够的成长空间；有单亲家庭，母亲独自抚养孩子，虽然生活艰辛，但母子间的深情厚意让人动容；有对孩子学习情况不闻不问，孩子在做作业，父母在打麻将的；有对孩子期望值特别高，遇到学习成绩滑坡，就大动肝火的；还有外来务工家庭，父母忙于生计，与孩子相处时间有限，但他们对孩子的爱却丝毫不减……每一次家访，都是一次心灵的洗礼，让我更加深刻地理解了"因材施教"的真谛。

家访过程中，我深刻感受到了家校共育的重要性。每一次与家长的交流，都是一次心与心的碰撞，我们共同探讨了孩子的优点与不足，分享了教育理念和方法，也在彼此的倾听与理解中建立了信任与合作的基石。

班主任，不仅是知识的传授者，更是学生心灵的引路人。我们要做的，不仅仅是关注学生的学习成绩，更要关注他们的身心健康、情感需求和社会适应能力。而这都离不开家长的支持与配合。只有家校携手，形成合力，才能为孩子营造一个全面、健康、和谐的成长环境。

同时，家访也让我更加坚定了自己的教育信念。我坚信，每个孩子都是一颗独特的种子，只要给予他们足够的阳光、雨露和关爱，他们就能绽放出最耀眼的光芒。作为教师，我们要做的就是成为那个发现者、引导者和陪伴者，用心去感受每一个孩子的成长轨迹，用爱去点亮他们心中的希望之灯。

首次家访的经历，对我来说是一次难忘的心灵之旅，让我更加清晰地认识到了自己的责任和使命，也让我更加坚定了成为一名优秀班主任的决心。我深知，家访之路才刚刚开始，未来的日子里，还将面对更多的挑战和困难。但我相信，只要心中有爱、眼中有光、脚下有路，我就一定能够在这条道路上越走越远、越走越坚定。

记得当晚步行 20 多里，走访了 6 个家庭，回到学校已是深夜，躺在床上，我脑海中有颇多启示和感悟，意识到家校合作是教育成功的关键所在，也明白了教育需要温度、需要深度、需要我们每一个人的共同努力和付出。同时，我也期待着更多的家访机会。相信每一次家访都是一次心灵的触碰和成长的契机；每一次家访都能让我更加深入地了解每一个学生、每一个家庭；每一次家访都能让我更加坚定地走在教育的道路上——携手共筑教育梦！

难忘遇见：和家长的第一次"约会"①

初秋来临，期中考试后的一天下午，作为一名初出茅庐的新班主任老师、班级的灵魂人物，我深知与家长建立良好沟通的重要性，而家长会便是这一过程中不可或缺的一环。对于我而言，第一次主持家长会，既是一次全新的挑战，也是一次深刻的教育体验。在这个过程中，我经历了从紧张筹备到自信上台，再到与家长深入交流的转变，收获了宝贵的经验与感悟。

为了确保首次家长会的顺利进行，我提前几周便开始了紧锣密鼓的筹备工作。首先，我明确了家长会的目的：一是向家长介绍学校的办学理念、班级管理制度及教学计划；二是分享学生的在校表现，增进家校之间的了解与信任；三是听取家长的意见和建议，共同为学生的成长出谋划策。

随后，制定了详细的家长会方案，包括会议流程、内容安排、所需材料以及环境布置等。我精心设计了教室布置，编辑了一期《班级简报》，布置了温馨的欢迎标语和学生作品展示区，用图文并茂的方式展现学校的历史、师资力量、教学设施以及班级的特色活动，力求让家长对学校有一个全面而直观的认识。同时，我也提前收集了学生在校期间的学习成绩、作业情况、课堂表现等信息，并整理成了一份份详细的个人报告，准备在会上与家长一对一交流。

为了营造温馨和谐的会议氛围，我还特意挑选了轻松愉悦的背景音乐，并准备了茶水和小点心，希望能在紧张的交流之余，让家长感受到班级的温暖与关怀。

终于，家长会的日子来临了。我早早地来到教室，按照预定的方案布置好会场，等待着家长们的到来。随着家长们陆续入座，我紧张的心情也逐渐平复

① 本文写于 1987 年 11 月期中考试后，我组织召开了第一次家长会。当时第一次家长会召开后，赢得了家长的认可、校长的肯定，有感而发，撰此文。

下来。我深知，这将是我与家长们建立初步信任的关键时期，我必须全力以赴。

会议按照预定的流程有序进行。首先，我代表学校和班级向家长们致以诚挚的欢迎，并简要介绍了学校的办学理念和班级的基本情况。接着，我介绍了学校的教学设施、师资力量以及学生的课外活动情况，让家长们对学校有了更加直观和深入的了解。

在介绍班级情况时，我力求用生动形象的画面和具体的数据说话，让家长们感受到孩子们的成长与进步。在分享学生表现环节，我逐一介绍了每位学生的学习成绩、课堂表现以及性格特点，并强调了家校合作的重要性。我鼓励家长们积极参与孩子的教育过程，与孩子共同成长。同时，我也坦诚地指出了学生在学习和生活中存在的问题和不足，并提出了相应的改进建议。

最让我印象深刻的是，我组织家长聚焦三个主题：一是师生关系发生冲突时，家长怎么做？二是家长和老师育人理念不一致时，家长怎么看？三是学生在成长过程中出现叛逆时，家长怎么和老师一起教育学生？围绕三个主题，我组织家长们开展了小组合作，家长们纷纷发言，表达了对学校和班级的感激之情的同时，也提出了许多宝贵的建议。有的家长分享了自己的育儿经验；有的发表了对处理师生关系冲突的真知灼见；有的在孩子出现叛逆后，如何走进孩子心灵，帮助孩子走出青春叛逆期、培养健康的心态等方面娓娓道来。我认真倾听着每一位家长的发言，并记录下他们的意见和建议。我深刻感受到，家长们的每一句话都充满了对孩子的关爱和对教育的期待。研讨与交流环节，将家长会推向了高潮。

随着家长会的圆满结束，我内心充满了感慨与收获。这次家长会不仅让我更加深入地了解了每一位学生及其家庭背景，也让我深刻体会到了家校合作的重要性。我意识到，作为班主任，我们不仅要关注学生的学业成绩，更要关注他们的身心健康、情感需求和社会适应能力。而这一切，都离不开家长的支持与配合。

通过家长会，我深刻感受到了家长们对教育的重视和对孩子的关爱。他们不仅关心孩子的学习成绩，更关心孩子的成长过程和心理状态。这让我更加坚定了自己的教育信念：我们要以学生为中心，关注学生的全面发展；我们要与家长携手合作，共同为孩子的成长保驾护航。

　　同时，我也意识到自己在教育工作中还存在许多不足和需要改进的地方。比如，在与学生和家长的沟通中，我应更加耐心和细致；在处理学生问题时，我应更加公正和客观；在引导学生成长的过程中，我应更加富有智慧和创意。

　　回顾组织第一次家长会的经历，我深感自己收获了许多宝贵的经验和感悟。我深知，家校共育是一项长期而艰巨的任务，需要我们每一个人的共同努力和付出。作为班主任，需要继续秉持"以学生为中心"的教育理念，关注每一位学生的成长和发展；需要继续加强与家长的沟通与合作，共同为孩子的成长创造更加有利的条件和环境；需要不断学习和提升自己的教育教学能力，为培养更多优秀的人才贡献自己的力量。期待着与家长们携手共进、共创辉煌，共奏家校和谐交响曲。

亲近自然：第一次组织学生野炊活动

在一个金秋送爽、丹桂飘香的星期六，我萌生了组织一次外出野炊的想法。我与班干部进行了深入讨论，明确了此次社会实践活动的目标：让学生们走出教室，享受大自然的美丽与宁静，同时，在实践中提升学生的自理能力和解决问题的能力，并培养团队合作精神。结合学生的年龄特点和兴趣爱好，我们确定了以"探索自然，自主生活"为主题的活动方案。为了确保活动的顺利进行，我们精心策划了每一个环节，从选择地点、准备食材到制定安全预案，每一个细节都力求周全，确保学生往返途中的安全。

经过多番考察，野炊地点最终选定了离学校 20 多公里的株树桥水库建设工地附近，浏阳河边上一个风景优美的地方，以自行车作为交通工具，统一从学校出发，骑行 1 个小时到达目的地。

在活动筹备阶段，我鼓励学生们积极参与进来，共同为野炊做准备。他们被分为不同的小组，每个小组都有自己的任务和职责。有的小组负责准备食材和炊具，有的小组负责制订野炊计划和安排行程，还有的小组负责设计宣传海报和制作邀请函。在这个过程中，学生们展现出了惊人的创造力和合作精神。

随着班上人员陆续到齐，检查各自的自行车后，我们一班人踏上了前往株树桥水库附近的野炊目的地的旅程。一路上，同学们沐浴着秋阳，兴奋地交流着对野炊的期待和想象。我也被他们的热情所感染，心中充满了对这次活动的期待和信心。

在旅途中，我们也遇到了一些小插曲。由于路途较远且交通状况复杂，有的女学生体力不支，行进速度缓慢；有的自行车坏了，需要停下来维修；有的同学走错了路，绕了一个大弯。这些状况导致我们比预期晚了一些时间到达目的地。面对这突如其来的变化，我迅速调整计划并安抚学生们的情绪，鼓励体力强的男学生帮助女学生，同学们表现出了良好的适应能力和团队合作精神。

到达目的地后，学生们迫不及待地投入大自然的怀抱。他们有的在草地上奔跑嬉戏，有的在小溪边观察鱼虾，还有的拿起相机记录下这美好的瞬间。在亲近自然的过程中，学生们感受到了大自然的神奇与美丽，也明白了珍惜和保护自然环境的重要性。

接下来是野炊的重头戏——厨艺展示。学生们按照事先的分组开始忙碌起来。他们有的负责洗菜切菜，有的负责生火做饭，还有的负责摆放餐具和调制调料。在这个过程中，我看到了学生们的勤劳与智慧以及他们对生活的热爱和追求。尽管他们的厨艺水平参差不齐，但每个人都尽心尽力地完成自己的任务。最终，一道道色香味俱全的菜肴呈现在了我们面前。在品尝这些美食的同时，我们也感受到了劳动的甜美和合作的力量。

随着夕阳西下，我们的野炊活动也缓缓落下了帷幕。这段美好的记忆永远镌刻在我们的心中。这次野炊活动不仅让学生们留下了难忘的回忆，更为他们的成长之路铺设了坚实的基石。

通过这次野炊活动，同学们都深刻体会到了团队协作的重要性。在筹备和执行过程中，我们遇到了许多困难和挑战，但正是通过团队的共同努力和协作，我们才得以一一克服这些困难并取得了圆满的成功。学生们也在这个过程中学会了相互帮助、相互支持，培养了共同面对困难的不屈不挠精神。

对于每一个学生而言，这次野炊都是一次宝贵的成长经历。他们在面对生活琐事时学会了自理，在团队协作中学会了沟通与合作，在解决问题时锻炼了思维与创造力。更重要的是，他们在大自然的怀抱中找到了内心的平静与力量，学会了感恩与珍惜。这些宝贵的品质与技能，将伴随他们一生，成为他们未来人生道路上最坚实的基石。

野炊活动还为学生们提供了一个情感交流和价值观塑造的平台。在共同面对困难与挑战时，学生们相互扶持、相互鼓励，这种纯真的情感交流让他们感受到了集体的温暖与力量。同时，通过与大自然的亲密接触，学生们更加深刻地理解了生命的脆弱与宝贵，学会了尊重自然、保护环境。这些价值观的培养，对于他们的个人成长和社会责任感的培养都具有重要意义。

对于我而言，这次野炊活动不仅是对学生的一次教育尝试，也是对我自身教育理念的一次升华。我深刻体会到，教育不应该仅仅局限于课堂之内，而应该延伸到生活的每一个角落。通过丰富多彩的课外活动，我们可以为学生提供更加全面、更加立体的学习体验，让他们的身心得到全面发展。同时，我也意识到，作为教师，我们应该时刻保持一颗童心，与学生共同成长、共同进步。

这次野炊活动也让我与学生们之间的关系更加紧密了。在共同筹备和执行活动的过程中，我们彼此间建立了深厚的友谊和信任。我们一起欢笑，一起努力，一起克服困难，也一起分享了成功的喜悦和收获的果实。这种师生之间的深厚情感将永远留在我的心中，并激励我在未来的教育工作中不断努力前行。

第一次组织学生外出野炊的经历，不仅是对学生综合素质的一次锻炼，也是对我作为班主任组织能力、应变能力和团队协作能力的一次全面考验。这不仅仅是一次简单的户外活动，更是一次关于亲近自然、增进友谊以及加深师生情感的深刻体验，让我深刻体会到了教育的多样性和户外活动对学生成长的深远影响。

这次经历如同一本生动的教科书，不仅记录了我们共同的欢笑与汗水，更见证了学生们在实践中成长、在挑战中突破的每一个瞬间。走出学校，从窗外看教育，教育另有独特的魅力，绽放异样的精彩。

第三辑　第一粒扣子，从扣上到扣紧

自我觉醒：初识教育的真谛①

初登讲台，初为人师。在实践中逐步觉醒，初识并深刻理解教育的真谛。

探寻教育的初心是每位教师踏上讲台前最深的思考。它源于对知识的热爱、对下一代的关怀以及对社会进步的渴望。新教师刚入职，须明确教育的根本目的是培养能够独立思考、勇于探索、具有社会责任感和人文关怀的未来公民。在这一过程中，保持对教育事业的热情与敬畏，不断追问自己从何而来，为何而教，教往何处等，将成为指引前行的灯塔。

教育的对象是学生，而真正理解学生是教学成功的关键。新教师入职之初应努力站在学生的角度思考问题，了解他们的兴趣、困惑、需求与梦想，通过日常交流、作业反馈、课堂观察等多种方式，建立起一座师生间沟通的桥梁。尊重他们的差异，因材施教，让每个孩子都能在适合自身的节奏下成长。

知识的传授是教育的基本任务，但绝非全部。新教师初登讲台应注重知识的系统性、科学性和前沿性，同时，更要注重培养学生的批判性思维和问题解决能力，通过启发式、探究式等教学方法，激发学生的好奇心和探索欲，引导他们主动发现问题、分析问题、解决问题。在知识传授的过程中，更要注重引导学生学会学习，培养他们终身学习的能力。

在 21 世纪的今天，单纯的知识积累已不足以应对快速变化的社会。因此，新教师初为人师应将创新能力、团队合作能力、沟通能力、信息素养、自我管理能力等多方面的能力培养置于教育的核心地位，并通过项目式学习、合作学习、模拟演练等实践活动，让学生在实践中锻炼能力，提升综合素养。

教育的本质是培养"完整的人"，而情感与价值观的塑造是不可或缺的一

① 本文写于 1989 年深秋，是我回忆入职 2 年多以来初为人师、初登讲台的所思所悟。

环。教师应以身作则，用自己的言行传递正能量，引导学生形成积极向上的人生态度、正确的世界观、人生观和价值观。同时，关注学生的情感需求，建立和谐、信任、尊重的师生关系，让学生在爱与被爱的环境中健康成长。

教学是一门艺术，需要不断探索与实践。有效的师生互动能够激发学生的学习兴趣，提高教学效果。新教师应掌握多种教学技巧，如有效的课堂提问、适时的鼓励与反馈、生动的案例讲解等。同时，运用现代信息技术手段，如多媒体教学、在线互动平台等，丰富教学手段，增强课堂的吸引力和互动性。

教学反思是教师专业成长的重要途径。新教师应养成定期反思的习惯，对教学过程、教学效果、学生反馈等方面进行深入分析，找出存在的问题与不足，并制定相应的改进措施。同时，积极参加各类培训、研讨和交流活动，不断拓宽视野，更新教育理念，促进自我成长。

教育是一项系统工程，需要家庭、学校和社会的共同参与。新教师应重视与家长的沟通与合作，建立良好的家校关系，通过家长会、家访、家校联系本等多种形式，及时向家长反馈学生的学习情况和表现，听取家长的意见和建议，形成教育合力。同时，引导家长树立正确的教育观念，共同为孩子的健康成长营造良好的环境。

面对日新月异的社会发展和教育改革趋势，新教师应具备创新意识和变革精神，勇于尝试新的教育理念和教学方法，积极探索符合时代要求的教育模式；关注教育科技的发展动态，利用信息技术手段提升教学效率和质量；同时，积极参与学校的教育改革实践，为推动教育的创新发展贡献自己的力量。

经历初为人师的实践与探索，一名新教师将会逐渐领悟教育的真谛。教育不仅仅是知识的传递和能力的培养，更是心灵的触碰和人格的塑造，关乎人的全面发展、社会的和谐进步和文明的传承创新。在这个过程中，教师要学会用爱心、细心、耐心、责任心和智慧去点亮每一个孩子的前行之路，让他们在成长的道路上勇往直前、绽放光彩。

新教师的自我觉醒是漫长而艰辛的过程，但同时也是充满希望与收获的过程。只要怀揣教育的初心与梦想，勇于探索与实践，永远保持旺盛的斗志，就一定能够在教育的道路上不断前行、不断成长，最终领悟并践行教育的真谛。

启航反思：初为人师得与失①

反思入职之初的实践经历，紧张、畏惧、欣慰、彷徨、挫败感、归属感、成就感，五味杂陈，得失参半。

一是带着对教育事业的满腔热忱，我踏入了中师的殿堂，两年的学习，不仅让我掌握了扎实的教育理论知识，还通过教育实习初步体验了课堂的魅力与挑战。这些经历为日后的教学生涯奠定了坚实的基础，使我能够更快地适应从学生到教师的角色转换。初入职场时，那份新鲜感与使命感让我充满了动力，我渴望将所学应用于实践，见证学生成长的每一个瞬间。

然而，初入职场的我也遭遇了理想与现实的巨大反差。面对复杂多样的学生群体、繁重的教学任务以及偶尔的家长质疑，我感到了前所未有的压力。曾经以为的"传道授业解惑"的崇高职业，在现实中却需要更多的耐心、智慧与毅力去应对。这种落差让我一度感到迷茫和挫败，甚至质疑自己的选择，跳槽改行的念头也时常冒出。

二是在与学生相处的过程中，我逐渐学会了如何建立和谐的师生关系。我意识到，每一个学生有着自己的思想、情感和需求。我努力倾听他们的声音，理解他们的困惑，给予他们关心和支持。这种真诚的沟通与交流，让我赢得了学生的信任和尊重，也为我们之间搭建起了一座心灵的桥梁。通过与学生的互动，我更加深刻地理解了教育的真谛，那就是爱与尊重。

尽管我在努力构建良好的师生关系，但偶尔也会遇到一些难以解决的问题。例如，有些学生可能因为家庭、性格等，难以融入集体或接受教师的帮助。面对这些个别案例，我时常感到力不从心，也无法给予他们足够的支持和帮助。

---

① 本文是我在回顾十年教育生涯的基础上写的一篇随笔，原文标题《第一个十年成长得失录》，写于1997年暑期。

这种遗憾让我更加深刻地认识到，教育并非万能，它需要家庭、学校和社会等多方面的共同努力。

三是为了不断提升自己的专业素养，我积极参与各类教育培训和学术交流活动。通过自学，我先后取得了英语自考大专学历、教育管理函授本科学历和全国在职教育硕士学位等，并接触到了最新的教育理念和教学方法，拓宽了知识视野。同时，我也结识了许多志同道合的教育同仁，他们的经验和智慧给了我很大的启发和帮助。这些专业成长与进修的经历，让我更加坚定了自己的教育信仰和追求。

然而，在追求专业成长的同时，我也面临着时间管理的挑战。工作、学习、家庭和个人生活之间的平衡成为难题。有时为了参加培训或研究项目，我不得不牺牲陪伴家人的时间或休息的机会。这种时间上的压力让我感到有些疲惫和无奈，也让我更加珍惜每一个可以专注于成长和提升的时刻。

四是在教育工作中，我深刻体会到了团队合作的重要性。无论是与同事共同备课、开展教研活动，还是参与学校的各项管理工作，我都深刻感受到了协同作战的力量。通过团队合作，我们能够集思广益、优势互补，共同解决教学中的难题和挑战。同时，我也在这个过程中逐渐培养了自己的领导力，学会了如何带领团队向前发展。

然而，在团队合作与领导力的发展过程中，我也遇到了一些困惑。例如，在担任班主任或校长等管理职务时，我需要在教师和管理者之间不断转换角色。这种角色的转换有时会让我感到有些迷茫和不适应，需要不断调整自己的心态和行为方式。

五是随着教龄的增长和经验的积累，我的教育理念也逐渐深化。我开始意识到，教育的本质不仅仅是传授知识和技能，更重要的是培养学生的品德、情感和态度。因此，在教学中我更加注重学生的全面发展，努力营造积极向上的班级氛围，鼓励学生参与社会实践，培养他们的创新思维和解决问题的能力。逐渐从单纯的"教书匠"转变为"育人者"，关注学生的内心世界，引导他们树立正确的价值观和人生观。

尽管教育理念在深化，但我深知自己仍需不断反思与自我审视。教育是一个复杂而多变的过程，不同的学生、不同的环境都可能对教学效果产生影响。

因此，我需要时刻保持谦逊和开放的心态，勇于接受他人的意见和建议，不断调整和完善教育理念和方法。只有这样，才能更好地适应时代的变化，为学生的成长提供更有力的支持。

六是在第一个十年的教学生涯中，我遇到了许多挑战，包括教学上的难题、学生管理的困境、职业发展的瓶颈等。然而，正是这些挑战促使我不断反思、学习和成长。我学会了如何在压力下保持冷静，如何寻找解决问题的途径，如何在失败中吸取教训并重新站起来。这些经历让我变得更加坚韧和成熟，也让我更加珍惜每一次成功和进步的机会。

当然，我也为一些未能完全克服的挑战而遗憾。例如，在某些情况下，我可能因为经验不足或方法不当而未能给予学生足够的帮助和支持；在某些关键时刻，我可能因为犹豫或顾虑而错过了重要的成长机会。这些遗憾让我更加深刻地认识到自己的不足和需要改进的地方，也激励我继续努力、不断前行。

回顾教学生涯，我收获了无数的喜悦和成就感。我看到了自己在教学技能、专业素养、教育理念等方面的显著提升；我见证了学生们在我的引导下逐渐成长、进步和蜕变；我收获了与同事、家长和社会各界建立的良好关系。这些都让我深感自豪和满足，也让我更加坚定了继续从事教育事业的决心和信心。

第一个十年的教学生涯是我人生中一段宝贵的经历。它让我收获了知识、技能、经验和成长，也让我体验了成功、失败、喜悦和遗憾。

入职成长：从站上讲台到站稳讲台①

回顾自身教育历程，我对教师成长感悟颇深。特别是新入职教师，作为教师队伍中的新鲜血液，其成长过程既充满挑战也蕴含机遇。新入职教师的成长是一个循序渐进，螺旋向上递进的有规律过程。入职成长以职业感悟与师德修养、教学常规与教学实践、班级管理与德育体验、反思意识与科研能力为主要内容，新入职教师成长不同阶段的重点需求也应被关注。要引导新教师树立立德树人理念，自觉遵守职业规范，掌握教育教学理论，研习学科教学方法，培养教学基本能力，实现角色转换、从站稳讲台到站好讲台的渐进式成长目标，扣好职业生涯"第一粒扣子"，筑牢终身从教的信仰、信念和信心。

新入职教师成长一般经历三个阶段。第一阶段聚焦引领新教师入门，实现教师角色转换，重在了解师德修养、教学与班级管理的基本规范；第二阶段立足岗位实践，在掌握教育教学基本规范前提下，聚焦提升新教师班级管理、育德体验和教学技能的基本方法，适应教学岗位，站稳讲台；第三阶段在调研、总结、提升基础上，聚焦新教师教育教学风格的初成，重在帮助新教师塑型，提升新教师胜任教育教学的能力。

新教师的成长往往遵循"三阶四域五环"模式："三阶"是指入门、适应、塑型三个阶段整体设计；"四域"是指训中聚焦职业领悟、教学常规、班级管理、教研基础四大领域赋能，训后聚焦师德实践、教学实践、育德体验、教学反思四大领域践行，立足在岗实践、外化于行；"五环"是依次展开职业规划、专题研修、名师指导、实践创新、总结提升五个环节的研修活动。每个阶段设

---

① 2020年8月至2024年10月，本人负责浏阳市新入职教师培训工作。结合自己成长经历，联系新教师培训工作，对新入职教师从"站上讲台"到"站稳讲台"有了较为系统的思考，拟定了《浏阳市新教师"三阶四域五环"入职培训实施方案》，本文是在该实施方案基础上修改而成。

计具体目标任务与预期成果，如下图：

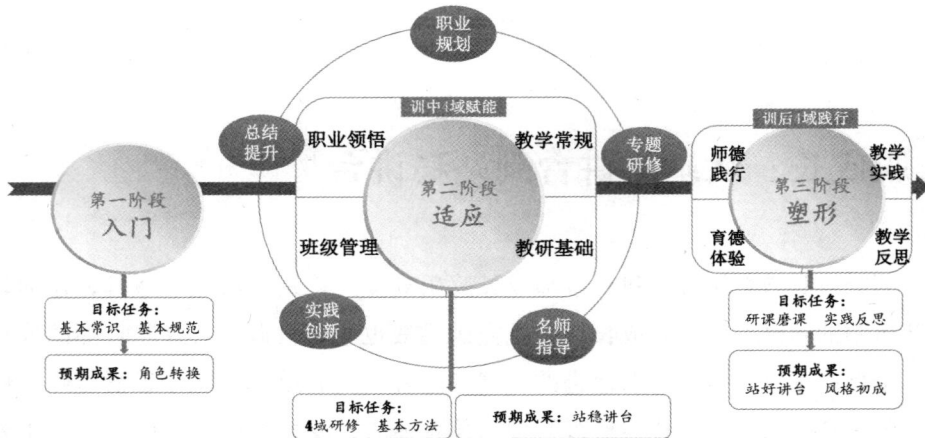

新入职教师成长需要经历八个阶段，环环相扣，循序渐进。

一是入门适应期。新入职教师面对全新的工作环境、复杂的人际关系以及繁重的教学任务，往往感到无所适从。这一时期，教师需要快速适应学校文化、理解教育政策、熟悉学生特点，并克服初上讲台的紧张与不安。其任务如下：

● 环境融入：了解学校规章制度、校园文化及工作方式。

● 角色定位：明确自身职责，完成从学生到教师的身份转换。

● 心理调适：克服初入职场的焦虑与压力，建立职业自信。

根据上述任务，采取的策略是：

● 主动沟通：与校领导、同事建立良好的沟通渠道，寻求帮助与指导。

● 观摩学习：多听老教师的课，学习他们的教学技巧与班级管理经验。

● 自我反思：每天记录教学心得，反思教学过程中的得与失。

二是技能提升期。随着对环境的逐渐适应，新入职教师开始将更多精力投入到教学技能的提升上，渴望掌握更多有效的教学方法，提高课堂管理能力，以更好地满足学生的学习需求。其任务如下：

● 教学技巧：学习并实践多种教学方法，如提问技巧、板书设计、多媒体运用等。

● 班级管理：建立良好的班级秩序，加强课堂纪律，培养学生的自主学习能力。

●沟通艺术：学会与学生、家长有效沟通，建立和谐的师生关系与家校合作关系。

根据上述任务，需要采取的策略是：

●参加培训：积极参加各类教学技能培训与研讨会，吸收先进的教学理念与方法。

●同伴互助：与同事组成学习小组，相互听课、评课，共同进步。

●实践探索：在教学实践中勇于尝试新方法，不断调整与优化教学策略。

三是经验积累期。经过一段时间的实践与探索，新入职教师开始积累起一定的教学经验，能够根据学生的实际情况调整教学方案，处理一些常见的课堂问题，并在教学实践中逐步找到自己的节奏与方向。其任务如下：

●案例积累：收集并整理成功与失败的教学案例，分析原因，总结经验教训。

●策略优化：根据学生的反馈与教学效果，不断优化教学策略与方法。

●专业认知：深化对教育工作的理解，明确自己的教育信念与追求。

根据上述任务，需要采取的策略是：

●教学反思：定期进行深度反思，从多个角度分析教学过程中的成功与不足。

●交流分享：在教研活动中分享自己的教学经验与心得，听取同行的意见与建议。

●阅读拓展：广泛阅读教育理论书籍与期刊，提升自己的专业素养与理论水平。

四是理论深化期。随着教学经验的不断积累，新入职教师开始从感性认识向理性思考转变，渴望通过理论学习来深化对教育规律的理解，提升教育教学的科学性与艺术性。其任务如下：

●理论学习：深入学习教育学、心理学等相关理论，构建系统的知识框架。

●理论应用：将理论知识与教学实践相结合，指导教学实践的改进与创新。

●科研意识：培养科研意识，尝试撰写教学论文或参与课题研究。

根据上述任务，需要采取的策略是：

●系统学习：制订学习计划，分阶段、有重点地学习教育理论知识。

●案例研究：选取典型教学案例进行深入分析，探讨背后的理论支撑与实践策略。

● 合作研究：与同事或专家学者合作，共同开展教育研究项目，提升研究能力。

五是风格形成期。在这一时期，新入职教师逐渐形成了自己独特的教学风格与教育理念，能够根据自身的性格特点与教学专长，灵活地运用各种教学方法与手段，实现教学过程的个性化与差异化。其任务如下：

● 风格定位：明确自己的教学风格与教育理念，并在教学实践中不断强化与完善。

● 特色打造：结合自己的专业特长与兴趣爱好，打造具有个人特色的教学品牌。

● 情感投入：关注学生的情感需求与个性发展，建立深厚的师生情感纽带。

根据上述任务，需要采取的策略是：

● 自我认知：通过自我评估与同行评价，明确自己的教学优势与不足。

● 创新实践：在保持教学风格稳定性的基础上，不断尝试新的教学方法与手段。

● 情感交流：加强与学生的情感交流，倾听他们的心声与需求，不仅关注学生的学习进展，更关心其心理变化和成长需求。通过建立开放、信任的师生关系，鼓励学生表达自己的观点和感受，让课堂成为师生互动、共同成长的平台。

● 多元化教学：在形成自己独特教学风格的同时，注重教学方式的多元化，并根据课程内容和学生的特点，灵活运用讲授、讨论、实验、探究等多种教学方法，激发学生的学习兴趣和主动性，提高教学效果。

● 自我评估与调整：定期对自己的教学风格进行评估，包括学生的反馈、教学效果的评估以及同行评价等，根据评估结果及时调整自己的教学策略，不断优化教学风格，使之更加符合教育规律和学生需求。

六是专业发展期。在这一时期，主要任务和策略是：

● 持续学习：教师需保持对专业知识的持续学习，关注学科前沿动态，更新知识结构，提升专业素养。通过参加学术研讨会、阅读专业书籍和期刊，不断拓宽视野，提升专业水平。

● 教育科研：积极参与教育科研活动，通过课题研究、论文撰写等方式，将教学实践中的经验和问题上升到理论层面，形成自己的教育思想和研究成果，为教育教学提供有力支持。

● 领导力提升：随着经验的积累和能力的增强，部分教师会承担更多的领导职务，如教研组长、年级主任等。在这一过程中，要注重领导力的培养，学会如何带领团队、协调资源、推动改革，为学校的整体发展贡献力量。

七是持续学习期。这一时期主要任务和策略是：

● 树立终身学习理念：认识到教育工作的复杂性和挑战性，始终保持对知识的渴望和追求。在职业生涯的各个阶段，都应将学习作为一种习惯和生活方式，不断充实自己、完善自己。

● 多元学习途径：利用互联网、图书馆、工作坊等多种途径进行学习；参加线上课程、研讨会、工作坊等活动，与同行交流心得、分享经验；通过阅读专业书籍、期刊论文等，了解学科前沿动态和教育改革新理念。

● 实践反思相结合：将学习成果与教学实践相结合，通过反思和总结，不断优化教学策略和方法。同时，将实践经验上升到理论层面，形成自己的教育思想和见解。

八是总结反思期。这一时期主要任务和策略是：

● 定期回顾与总结：在职业生涯的不同阶段，定期对自己的教学工作进行回顾和总结，分析自己的成长历程、取得的成就和存在的不足，明确未来的发展方向和目标。

● 深度反思：审视自己的教育理念、教学风格和教学行为是否符合教育规律和学生需求。对于存在的问题和不足，要勇于承认并努力改正；对于成功的经验和做法，要加以提炼和推广。

● 展望未来：在总结反思的基础上，对未来的教学工作进行规划和展望。明确自己的职业目标和发展方向，制订切实可行的计划和措施，为实现更高层次的发展奠定坚实基础。

新入职教师的成长是复杂而长期的过程，需要经历多个阶段不同时期的历练和磨砺。在每个阶段的各个时期内，教师都需要保持积极的学习态度、勇于实践的精神和强烈的反思意识，不断提升自己的专业素养和教育教学能力。只有这样，才能成为一名优秀的教师，为学生的成长和社会的进步贡献自己的智慧和力量。

不忘初心：我想成为这样的老师①

人们总会遇到一些老师，他们以独特的方式影响着学生的成长轨迹，成为学生心中不可磨灭的印记。每当回想起曾经教过我的老师，那些温暖而启迪心灵的美好时刻，我总会心生向往，希望自己也能成为那样的老师——不仅传授知识，更能引领学生心灵，陪伴孩子共同成长。

成长是一种教育幸福追求，这是初出茅庐的教师对于教育根本问题的价值取向，它决定着教师关于教育的理想和信念。一名合格的教师只有具备正确的教育观、学生观、成长观，才能真正把教育当成一项崇高的事业，而不是或者说不仅是一种聊以谋生的手段，也能成为冬天里的一把火，热力四射，温暖学生，更能够在教育事业上孜孜不倦地有所追求。

我一直致力于做一名有"奋斗感"的老师。

人的一生唯有奋斗，别无选择。唯有奋斗不息，才能成功。也许有人认为我运气好没必要奋斗，但是"运气"毕竟可遇不可求，就像天上飘下的"毛毛雨"，你想它来，它不来；你赶它走，它不走……即使偶有"鸿运"，也可能出现"有心栽花花不开，无心插柳柳成荫"之结果。要做有"奋斗感"的老师：在平凡工作岗位上有抱负、有恒心、有要做到最好的决心。奋斗感来自少说多做，多琢磨事少琢磨人；奋斗感来自对事业的执着追求。

我一直锚定要做一名有"钻研劲"的老师。

每个立志做一个好老师的人，为了使自己的教学水平提升，就必须学会钻研，钻进去，沉下去。有着这股"钻研劲"，才能积蓄足够教书育人的功力。对教育工作的兴趣和迷恋，是保证教师钻研业务，从而创造性地完成教育教学

---

① 本文原为 2004 年 6 月我在全体教师会上发表的《给教师的建议之一：做一名追求教育幸福的老师》，2024 年 5 月我被评为省特级教师后对该文略作了修改。

工作的重要品质之一，是搞好工作的基点。爱因斯坦说得好："在学校里和生活中工作的最重要动机和工作中的乐趣，是钻研工作获得结果时的乐趣以及对这个结果的社会价值的认识。"这股"钻研劲"，表现为一个教师在教育实践中对教学探究的积极倾向和迷恋，表现为一种传授真理的欲望。

曾听一位同事说过一件事：他在小学六年级的时候，接班的数学老师是一个矮矮的女老师，其貌不扬，课上也没有什么精彩的表现。同学们都深感失望，因而上课时总打不起精神，对数学也渐渐地不感兴趣了。但有一天，他们都被她震住了。那是在学"圆"的知识时，只见数学老师双腿分开，半蹲着，唰地一声，在黑板上画下了一个非常标准的圆（课后同学们用圆规去量，几乎分毫不差），他们惊呆了。此后，同学们在课间都模仿着老师画圆的动作，并因对老师的敬佩而渐渐地喜欢上了数学……故事虽短小，寓意却深刻。这名教师如此善于经营自己的长处，不正说明了她对教学的研究深入吗？只有对教育有兴趣的教师，才会乐此不疲而充满激情地出色地完成教学任务。我担任校长 26 年，一直没有离开过教学，一直没有停止过教学研究。如果一个"教书匠"没有钻研意识、老一套死教书，他的学生怎能对学习有钻研劲呢？

我一直向往做一名充满"幸福感"的老师。

人的职业幸福，必备三条：一是工作要踏实，二是精神要充实，三是环境要舒适。三者俱备，职业幸福自在其中。追求职业幸福感在于不懈奋斗，勇于创造。当你每一次课前准备，每一次批改学生作业，每一回与学生交谈，事前无不认真思考，精心策划，力图做到"自我放心"为止。这苦不苦呢？苦。紧张不紧张呢？紧张。累不累呢？累。但是，在苦、紧张、累的同时，职业也在其中，体验"吃苦也是享福"的乐趣。追求职业幸福感在于精神高尚，内心平和，身心健康，永葆活力。我们要注意保重身体，调整心态。累了多歇歇，病了不要拖，更不能带病工作，有的病可能半天治好，但一拖，延误治疗可能影响几天甚至一生，小患不医将成大患。平时要多进行体育锻炼，办公室待久了，到户外走走，呼吸新鲜空气，心烦的时候，找人倾吐。倡导老师与学生一起做操、跑步、打篮球、打羽毛球等，每天运动不少于一小时，还要倡导老师不要吸烟，少喝酒尽量不喝酒等。追求职业幸福感还在于个人与集体同步成长。教师在环境优美、办公舒适、干净整洁的条件下工作，在人际关系和谐的环境中工作生活是一种职业幸福；教师在有序的校本教研中进行教研，提高业务水平是一种职业幸福；教师与新课改一起成长是一种职业幸福；教师在学校组织的各类培训中获得收获是一种职业幸福；学校办学条件日益完善，办学水平不断提高，社会影响力不断扩大，教师在一所欣欣向荣的学校学习、生活、工作是一种难以渴求的职业幸福；全体学生都有所进步、全面发展、健康成长，更是教师最大的职业幸福。

天更高，山更险，路更远。既然做了老师，那就要仰望星空，登高望远，脚踏实地，始终保持奋斗着、钻研着的教育生活状态，不断夯实文化底蕴、厚植教育智慧，行稳致远，进而有为。

我想成为这样的老师，讲台的魅力带给我生命的升级与进化。回忆教育生涯，从站上讲台到站稳讲台，从站稳讲台到站好讲台，直至站到前台，从一名普通老师到名师、名校长、特级教师，三十多年的"洪荒之力"，竭尽所能奋斗着、钻研着，幸福地追求卓越。说到底，成为怎样的老师，取决于自己生命的样子。我的样子，就是埋头工作的样子、学习的样子、思考的样子、钻研的样子……每时每刻，都是通过自己的生命实践，主动做出来、活出来的样子，其实就是活出有教育生命活力的样子。

中篇　善为人师，接受讲台的魅力

第四辑　德高为师，师品影响学生一生

为人师表：老师就要有老师的样子①

2008 年 5 月 12 日汶川大地震，真可谓地动山摇，牵动全国乃至世界亿万人的心，可是，范美忠当初就在上课，当地震发生时，他不顾班级几十个学生的安危，拔腿就跑，一口气跑到操场上。面对采访，范美忠说，只有女儿才是他今生的牵挂，当时哪怕是自己的母亲，他也不会去管。作为一名老师，在地震来临之际，范美忠的弃学生而逃是为不忠，不救母而逃是为不孝，先己后人论是为不仁，事不关己论是为不义。忠孝仁义乃人之德性，缺乏忠孝仁义，怎能为师？因此，教师职业需要为人先、为人师、为世范。人无德不立，教无德不威，校无德不兴。

湖南教书育人楷模、第十四届全国人大代表麻小娟，是常德市鼎城区蔡家岗镇蔡家岗中学教师。从教 8 年来，她扎根乡村教育，积极创新教育新形式，连续 7 年为乡村住校留守儿童讲睡前故事。2022 年秋，故事从宿舍进入音乐课堂。听故事的人在变化，而讲故事的人一直在继续。似雨露、似繁星，八年如一日，她坚持每晚走进寝室给孩子们讲睡前故事，做留守儿童的点灯人。麻老师说：讲故事已融入我和学生们的生活，就如吃饭睡觉一样自然。当一天老师，我就会讲一天故事。麻小娟老师这种坚守乡村、初心不改的教育情怀，爱岗敬业、潜心育人的职业态度，心系学生、默默奉献的精神境界，担"大责"、怀"大爱"、有"大为"的职业追求，正体现着新时代年轻老师的崇高师德。

作为老师，要有一种"守摊"的伦理道德。"守"是课前认真备课，寻找传授知识的最佳方案；"守"是出满勤，给学生做好表率；"守"是认真地批改作业，绝不放过学生的一点差错；"守"还要放弃自己的好恶，对待学生一视

---

① 本文是 2020 年 8 月，作者在全市新入职中学教师师德培训课上为新教师授课内容之一。

同仁；"守"要收敛自己的脾性，耐心和笑脸才是教师的通行证。为了这一"摊"，教师要兢兢业业，勤勤恳恳，几十年如一日守住学生。

作为老师，要履职尽责，坚守岗位。对待工作要勤奋而主动，做到不为薪水而工作，享受工作的快乐；对待事业要敬业而有责任，不要看不起自己的事业，要干一行爱一行；对待学校要感恩而忠诚，牢骚和抱怨终将无济于事；对待学生要充满爱心且呵护备至，有学生在就要有老师在；对待自己要自律且自信，自己是最大的敌人，战胜自己最好的办法就是自信自律。

作为老师，要以行为准则十六条约束自身行为。

第一条，遵纪守法。维护社会稳定，遵守公民道德、社会公德、职业道德和家庭美德，自觉维护教育形象，珍惜学校声誉；不参与集体上访和越级上访，不参与封建迷信和非法宗教活动，不参与非法集会、游行，不参加非法社团和非法组织，不随意停课、罢课。

第二条，依法执教。全面贯彻党的教育方针，自觉遵守法律法规，在教育教学中同党和国家的方针政策保持一致，不得有违背党和国家方针和政策的言行。

第三条，爱岗敬业。乐教勤业，热爱学校，教书育人，尽职尽责。认真备课上课，不备课不进教室；认真批改作业，不敷衍塞责；坚守工作岗位，做到有学生在就有教师在。

第四条，热爱学生。关心爱护全体学生，尊重学生的人格，平等、公正对待学生。对学生严格要求，耐心教导，不随意训斥学生，不体罚或变相体罚学生，不讽刺、嘲笑、挖苦学生，对后进生不歧视、不疏远、不采取放任不管的态度，保护学生合法权益，促进学生全面、生动、健康发展。

第五条，严谨治学。树立优良学风，刻苦钻研业务，改进教育教学方法，提高教育、教学和科研水平。

第六条，团结协作。谦虚谨慎，尊重同志，尊重他人，真诚合作，谦恭礼让，相互学习，相互帮助，顾全大局，服从安排，关心集体，共创文明校风。

第七条，尊重家长。主动与学生家长联系，接待家长应文明礼貌，笑脸相迎；和家长交换意见应坚持人格平等，态度和蔼，认真听取意见和建议，不训斥、不指责；学生家长和其子女在一起时，批评教育学生应把握说话分寸。

第八条，廉洁从教。坚守师德"三条高压线"，即不接受家长宴请，不接受家长礼品、礼金等，不从事有偿家教。

第九条，为人师表。衣着整洁得体，语言规范健康，举止文明礼貌。不着奇装异服，不袒胸露背，不穿拖鞋、背心或打赤脚进教室。女教师不穿紧、透、低胸、无袖或超短衣裙。女教师不化浓妆，不涂指甲，不染头发，佩戴首饰要保持适度；男教师不蓄长发，不蓄长胡须，定期刮面修须。

第十条，不随地吐痰，不乱扔果皮纸屑；上班不抽烟，酒后不进教室，吃饭不剩饭菜。

第十一条，教态高雅洒脱，精神抖擞，风度从容典雅，语言文明优美、幽默。教师上课须保持良好心态和饱满的热情，不得将个人不良情绪带进教室，更不能迁怒于学生；教师上课、监考及参加会议时，不得使用手机，也不得让手机发出声响。

第十二条，语言文明，态度和蔼。校园内须用普通话，使用礼貌语言，举止得体，不说脏话、粗话，不开低级玩笑，不恶语伤人；遇事冷静，不固执，不蛮横，不高声顶撞、谩骂他人。

第十三条，不看宣传色情、凶杀、迷信的书刊和影视录像，不进入色情娱乐场所。

第十四条，勤俭节约，爱护公物，爱惜粮食，节约用水、用电。

第十五条，自觉维护正常教学秩序。自觉遵守劳动纪律，不许提早下课或让学生提前离校，严禁拖堂；不得坐着讲课；不能带小孩进教室。

第十六条，坚持服务育人，不断提高工作的满意率和服务质量。对学生的礼貌问候，要礼貌回应；对学生的不良表现，要及时教育和劝止，均不得藐然视之。

作为老师，要以忌事忌语十条规范言语。

第一条，忌讲侮辱学生人格、伤害学生自尊心的话。如"你这辈子不会有什么出息""你真是四肢发达，头脑简单""你真笨""不要脸""神经病""木头""狐狸精""他有病，谁也不能和他玩""害群之马""一粒老鼠屎，坏了一锅粥"。

第二条，忌否定学生进步、打击学生积极性的话。如"你完了""没药治了""你不是读书的材料""你怎么老学不会，真笨""你上课睡觉都行，只求你别捣乱""别人都学会了，只有你不会，真是死脑筋""你会学好？那才怪呢！太阳从西边出来了"。

第三条，忌讲呵斥、威胁学生的语言。如"你真讨厌""滚到一边去""不好好学习，净调皮捣蛋""再也不管你""看见你就烦""我不想和你多费口舌，滚！滚出教室""再犯错误，就把你家长找来，否则别进教室""等着吧，早晚跟你算账""看看咱们谁说了算"。

第四条，忌强词夺理。如"少废话，我叫你干什么你就干什么，你是老师还是我是老师""老师过的桥比你走的路还多""老师总比你强"。

第五条，忌当众指责男女交往。如"小小年纪，思想怎么这么复杂""你们俩这么亲热，搞什么鬼""疯丫头（小子），你老和男（女）生一块疯，大家都别理她（他）""整天就想与女生在一起，这么一点大，思想就这么歪"。

第六条，忌粗暴说气话。如"你们班的纪律最差，给你们上课真是倒霉""不听课的统统滚出来""你有本事，你来上课""我再也不能给你们上课了""教你们这样的学生，我算是倒霉了"。

第七条，忌用比较语言贬损学生。如"某某比你强一百倍""你要是我的孩子，我早就一巴掌过去""你是全班最笨的""我要是你，早不活了"。

第八条，忌讲涉及学生隐私的话。如"你这个没爹娘教养的，难怪这么坏""你缺爹少妈，有人养，无人教的（单亲家庭的学生）""瞎说（盲人家庭学生）""叫你向左，你却向右（左撇子的学生）"。

第九条，忌讽刺、指责家长。如"有什么缺德的学生，就有什么缺德的家长""看你那个样子，也不知道你们是怎么管教的""上梁不正，下梁歪""你把孩子领回去吧，我们教育不了"。

第十条，忌主观武断或给学生下结论。如"这件事不是你干的，还会是谁？""这件事要不是你干的，我躺在地上给你踢""某某真是无药可救""某某是全校最差的最坏的学生"。

关爱学生：我爱你，与你无关①

有一个这样的老教师，他退休以后，70 岁、80 岁生日，前来为他祝寿的绝大部分是他教过的学生，2016 年他逝世后，从四面八方赶来参加追思会的学生超过 700 人。他就是我的初中老师——付楠老师。为什么他退休以后还有这么大的魅力让学生记挂？付老师最大的魅力就是爱学生爱到"我爱你，与你无关"的境界。当学生感冒发烧，他第一时间嘘寒问暖，送医煎药；当寒冬来临，他经常会把自己的衣服送给穿着单薄的学生；当学生吃饭吃不饱的时候，他总是会把自己的饭菜票送给学生……有一个冬天的晚上，我在付老师房间做作业，看见他在煤油灯下给已经毕业、正在师专读书的学生写信，写完信后还在信封内放上 10 元钱，后来我才知道，付老师每个月都是这样做，因为这个学生父亲早逝，母亲身体不好，家庭经济拮据，付老师每个月寄去 10 元钱补贴学生，而付老师每个月工资不到 50 元，家里有 3 个小孩，爱人身体也不好，还时时想到自己学生的困难，直至退休，付老师全家还是住在三间泥土房里。2016 年 2 月 28 日下午 1 点，在追思会上，我带着十分悲痛的心情致悼词，全场 700 多人哭成一片。当晚，我写了一篇千字文追忆付楠老师，在文章末尾写道：爱学生，不应该简简单单地把其视为师德问题，在某种程度上，它应该是一种教育能力，教育的境界，教育的情怀，是需要修炼的……

有人说："爱自己的孩子，爱亲戚的孩子，那谁不会呀！"是的，爱自己的孩子是本能，善待别人的孩子才是境界。我们有很多朋友和同学，本来自己并不富裕，可是仍然尽其所能，向希望工程献爱心，有的甚至不留姓名，这就是大爱、真爱、至高无上的爱！

---

① 本文写于 2016 年 4 月恩师付楠老师追悼会当日晚上，我回忆恩师爱学生的点点滴滴，有感而发。

　　九十年代中期，我所在的中学有一个家庭三个孩子均在上初中，父亲病魔缠身，爷爷年老体衰，母亲早逝，家里穷得叮当响，我想方设法到处为三个孩子筹措学费，帮他们解决生活费用，三年下来，帮他们解决学费、生活费万余元，让他们顺利完成了九年义务教育，现在三个孩子均成家立业，逢年过节总是记得打电话或登门来看望我。我感到这种爱是永恒的无价之宝。汶川地震、玉树地震，我第一时间带头捐款，全校师生在我的号召下，在很短的时间先后捐了 20 余万元。2011 年 3 月，当玉树地震一周年之际，我所在的学校又号召全体师生捐赠衣物和鞋子，在倡议书发出不到三天，全校师生就捐赠全新的衣服 1784 套，新鞋子 800 双，有的孩子把自己的零用钱 3000 多元全部拿出来，一次性在街上买了 30 套新衣服给灾区的孩子们，看到我的孩子们这种大爱之心，作为校长的我收获到一种心灵的慰藉。

　　自参加工作以来，经我帮助的孩子，大都学有所成，事业顺利。其中，有一个学生读初中时候家里贫困，几次几乎辍学，都是我第一时间赶到他家里劝说他完成学业，毕业后，他打过工，卖过车票，后来成立了公司，公司发展很好，他经常资助贫困孩子入学。他说：是我对他的关心教育感动了他，使他有了今天，就要向老师学习，做人要有博爱之心，回报社会。

　　当然，我在这里说自己帮助了多少个孩子上学，并无丝毫要表功的意思，我只是想向所有有能力的人说："让自己逐渐拥有一个善良而无私的胸襟，以善为本，以付出为荣，让更多的孩子能够实现自己的梦想！"我也更想向所有教育者说："教育者没有大爱之心，就没有诗意的教育人生。"

　　教育，从本质上讲，是一种爱的传递。教师作为这一过程的传递者，首先需要拥有一颗无私奉献的心。这种奉献，并非出于某种外在的奖励或回报，而是源自内心深处对教育事业的热爱和对学生未来的期许。当我们说"我爱你，与你无关"时，实际上是在表达一种超越个人情感的、更为广阔和深远的爱。这种爱，不依赖于学生的任何反应或表现，它就像夜空中最亮的星，无论学生是否抬头仰望，都静静地在那里，散发着光芒。

　　大师首先必有大爱。爱的表达方式是多种多样的，而教师对学生的爱，往往体现在那些看似微不足道却又至关重要的细节之中。一个鼓励的眼神、一句温暖的话语、一次耐心的讲解……这些看似简单的行为，实则蕴含着教师对学生无尽的关怀和期待。当教师用心去关注每一个学生的成长，用心去倾听他们的声音，用心去感受他们的喜怒哀乐时，这份爱就变得真实而可触。尊重所有学生的人格，公平对待每一个学生，接纳学生，走进学生的内心世界，宽容学生错误，对学生严格而不严厉，关爱而不迁就，惩罚而不体罚，而这一切的出发点，都是基于对学生深深的爱，一种无需任何理由和条件的大爱。

爱，是一种强大的力量。它能够激发学生的内在潜能，让他们在学习和生活中展现出前所未有的勇气和创造力。当学生感受到教师的爱时，他们会更加自信地面对挑战和困难，更加积极地探索未知的世界。教师的爱，就像一股清泉，滋润着学生的心田，让他们在成长的道路上不断前行。同时，这种爱还能够促进师生之间的沟通和理解，建立起一种和谐而亲密的师生关系。这种关系不仅能够帮助学生更好地学习知识和技能，更能够引导他们形成正确的人生观和价值观，还能让学生长大后传递爱，让整个社会充满爱。

爱学生，体现在教师能够将自己的爱完全融入学生的成长之中，不计个人得失，不图名利地位，只愿看到学生能够健康快乐地成长和进步。当教师达到这种境界时，就会自然而然地说出"我爱你，与你无关"这样的话语，因为这份爱，已经将自己完全融入爱学生的世界之中，成为他们成长道路上的引路人和支持者。

当我们说"我爱你，与你无关"时，我们其实是在表达一种对教育事业的坚定信念和执着追求。只有当我们用心去爱每一个学生时，我们才能够真正地成为学生生命中的重要贵人；只有当我们无私地奉献自己的爱和智慧时，我们才能够为学生的未来和梦想插上翅膀。而这份爱，将会像火种一样传递下去，照亮更多学生的心灵之路，让学生一辈子记住老师，在成长的道路上不断前行、不断超越自我。

感动学生：让学生一辈子记住你①

2022 年 7 月 3 日早上，我母亲因病逝世，我的情绪落到了冰点，寝食难安。很快，30 多年前我当班主任时带的几个班级中的学生知道了这个消息，他们自发组织、安排人来家陪我，晚上陪我一起守灵，泡人参茶给我喝，让我倍感温馨。整整 10 个晚上，没有中断过。为什么曾经带过的这些学生，毕业 30 多年了，师生情谊还这么持久而深厚？他们怎么还一直记得老师？小明的回答，让我恍然大悟：一次感动，学生会一辈子记住老师。

那是一个春末夏初的午后，阳光透过树叶的缝隙，洒在校园的每一个角落。学生们正沉浸在紧张的学习氛围中，为即将到来的期末考试做准备。像往常一样，我走进教室，准备开始下午的课程。然而，我的目光很快被坐在教室角落的小明吸引。小明平时性格内向，成绩也不出众，总是默默地坐在自己的位置上，很少与人交流。今天，他显得格外憔悴，脸色苍白，额头上还挂着细密的汗珠。我没有立即开始上课，而是轻轻走到小明身边，关切地询问他的身体状况。小明支支吾吾地说自己有些不舒服，可能是感冒了。听后，我立刻从包里拿出自己的水杯，倒了一杯温水递给小明，并让他先休息一下，随后迅速联系了学校附近诊所的医生，并安排其他同学帮忙照顾小明。在等待医生到来的过程中，我始终没有离开教室，而是坐在小明旁边，轻声细语地安慰他，给他讲了一些轻松有趣的故事，试图缓解他的紧张情绪，仿佛一股暖流涌入小明的心田，让他感受到了前所未有的温暖和关怀。当医生赶到并确认小明只是轻微感冒后，我才松了一口气，亲自送小明回宿舍休息，并叮嘱他好好休息，不要勉强自己。这一幕，被教室里的其他同学看在眼里，记在心里。他们被老师的关

---

① 本文写于 2022 年 7 月 20 日，当我母亲逝世后，曾经毕业的学生轮流来陪伴我，真切感受、深受感动，有感而发，撰此随笔。

爱所感动。事后，小明在日记中写道："那一刻，我仿佛看到了父亲般的温暖。老师不仅教会了我知识，更用他的行动让我明白了什么是真正的关心。我会永远记住那个午后，记住老师对我的好。"

岁月流转，转眼间，当年的学生们已经长大成人，各奔东西。但每当他们回忆起那段青涩的校园时光时，总会不由自主地想起老师以及那个充满温情的午后。老师的关爱如同一盏明灯，照亮了他们前行的道路，让他们学会了如何去爱、如何去关怀他人。正因如此，才会有文中开头，我被学生记住的一幕。

回忆与学生相处的美好时光，三十年后我终于领悟了教育的力量。教育不仅仅是传授知识那么简单。它更是一种情感的交流与心灵的触碰。在日常的教学工作中，教师的一个微笑、一句鼓励、一次帮助……都可能成为学生心中永恒的温暖与力量。这些看似微不足道的小事，实则蕴含着巨大的教育价值。它们如同点点微光，虽然微小却能汇聚成照亮学生前行道路的璀璨光芒。

作为教师，我们应该时刻保持一颗敏感而细腻的心去捕捉那些稍纵即逝的教育契机，用我们的爱心与智慧去点亮学生的心灵之火。让每一个学生都能感受到来自教师的关爱与关怀，维系纯真的师生关系。师生之间的情感纽带是建立在相互理解、尊重与关爱的基础之上的。当教师用心去关爱学生、理解学生时，学生就会感受到来自老师的温暖与关怀，从而建立起对老师的信任与依恋。这种信任与依恋又会进一步促进师生之间的情感交流与沟通，使得师生关系更加和谐融洽，更加持久。

其实，教育并不复杂。简单的关心与帮助，展现了情感的巨大力量。有时候，让学生感受到被重视、被关怀，这种情感的传递远胜于任何知识的灌输。一位关心学生、理解学生的老师，总能让学生感受到家的温暖。这些关怀备至的点滴，将成为学生心中最温柔的记忆。教师日常工作中需要关注细节，留意学生的情绪变化和行为习惯，及时给予关心和帮助，让学生感受到被重视和被关怀；要倾听与理解，耐心倾听学生的想法和困惑，用同理心理解他们的感受，给予积极的反馈和建议；要特别关怀学习困难、家庭困难或心理有问题的学生，给予其更多的关注和支持，帮助他们克服困难，重拾信心。

作为教育者，我们的角色不仅仅是传授知识，更重要的是成为学生心灵的引路人。我们的一言一行，都会对学生产生深远的影响。我们应该时刻注意自己的言行举止，以身作则，为学生树立良好的榜样。

教育的影响是深远的，它可以跨越时间的长河，成为学生一生中难以忘怀的记忆。一次简单关怀，成了小明乃至全班同学心中永恒的温暖，这种影响是任何语言都无法形容的。我们应该努力成为有爱心、有耐心、有智慧的教育者，用心去关爱、感动每一个学生，用我们的行动去温暖他们的心灵，让他们在成长的道路上充满力量与希望。

守住底线：不可逾越的师德鸿沟①

河北省沙河市教育局接群众举报，经教育局专项调查组现场调查取证，发现第一中学在职教师郝某、赵某在一处民房内组织、参与有偿补课，第十中学在职教师宗某在自家开办补习班。经查处给予三个教师警告处分，责令退还全部违规所得，扣除 3 人 2021 年 50% 奖励性绩效工资，2021 年考核定为不合格等次，两年内不得申报高一级专业技术职务，不得参与岗位晋级、评先评优，暂缓教师资格证注册。郝某作为主要参与者，调离一中，取消其河北省"特级教师""首届名师"等荣誉称号，取消宗某沙河市"模范教师"称号并调离十中。

某乡镇小学教师赵某，因个人生活问题，情绪极度不稳定。在课堂上，他经常将个人情绪发泄到学生身上，对学生进行体罚或变相体罚。这一行为很快在学校内外引起了广泛关注，家长和学生们纷纷表示不满和担忧。随着时间的推移，赵某的行为不仅影响了学生的学习和身心健康，还导致了学校整体形象的受损，甚至引发了社会对教育系统的质疑和批评。

我所在的学校有一本"师德登记簿"。学校对所有教职工出台了"三条高压线"，即不准接受家长宴请、礼金、礼物和有价证券等，不准参加家长宴请或委托家长办私事，不准体罚或变相体罚学生。任何人违反"三条高压线"之一，第一次严重警告，扣当年绩效考核奖 50%；第二次无条件辞退。从每年的"师德登记本"中发现，教职工拒收家长礼物、礼金、有价证券，拒绝参加宴请等超过百余人次，金额超过百万元。有一次，某班主任拒收了一个家长红包 1 万元，我特意找该班主任了解，原来该家长儿子中途插入该班级，班主任特

---

① 本文是 2020 年 8 月，在全市新入职中学教师师德培训课上，我为新教师授课内容之一。

别负责，对孩子特别关爱，这个孩子进步很大，家长发自内心感激。后来，我要该班主任写了一个教育叙事，说一说是什么教育细节感动了家长，在当月的全体老师会上，该班主任老师以"万元红包背后的故事"为题分享了这个师德故事。在社会上形成了这样的口碑：这所学校老师不收礼，不参加宴请，把孩子送到这样的学校读书，家长放心！

教育部从 2019 年以来公开曝光违反教师职业道德行为的典型案例共 13 批次 101 起，其中违规频率较高的 6 类，分别为性骚扰约 30 起，侮辱约 20 起，校内外违规收费或补课约 10 起，违反政治底线约 10 起，利用节假日收取红包、参加谢师宴等约 5 起，违反教师纪律兼职约 5 起。

作为老师，要敬畏道德、纪律和法律，坚决守住四条底线。

一是政治底线不能碰。教育部《中小学教师违反职业道德行为处理办法》第四条规定，有下列行为之一的，给予记过处分；情节较重的，给予降低岗位等级或撤职处分；情节严重的，给予开除处分。

1. 在教育教学活动中及其他场合有损害党中央权威、违背党的路线方针政策的言行。

2. 损害国家利益、社会公共利益，或违背社会公序良俗。

3. 通过课堂、论坛、讲座、信息网络及其他渠道发表、转发错误观点，或编造散布虚假信息、不良信息。

4. 违反教学纪律，敷衍教学，或擅自从事影响教育教学本职工作的兼职兼薪行为。

5. 歧视、侮辱学生，虐待、伤害学生。

6. 在教育教学活动中遇突发事件、面临危险时，不顾学生安危，擅离职守，自行逃离。

7. 与学生发生不正当关系，有任何形式的猥亵、性骚扰行为。

8. 在招生、考试、推优、保送及绩效考核、岗位聘用、职称评聘、评优评奖等工作中徇私舞弊、弄虚作假。

9. 索要、收受学生及家长财物或参加由学生及家长付费的宴请、旅游、娱乐休闲等活动，向学生推销图书报刊、教辅材料、社会保险或利用家长资源牟取私利。

10. 组织、参与有偿补课，或为校外培训机构和他人介绍生源、提供相关信息。

11. 其他违反职业道德的行为。

二是道德底线不能踩。不能索要、收受学生及家长的贵重礼品、有价证券、红包礼金及支付凭证等财物。对于由学生及家长付费的宴请、旅游、健身、娱乐休闲等活动，让学生及家长支付或报销应由教师个人或亲属承担的费用的，教师要理智婉拒。

三是纪律底线不能越。对于集体补课、众筹家教、住家教师等情形，应该更加警醒，不为名利所诱。

四是法律底线不能触。不能性侵、侮辱、体罚以及变相体罚学生，酒驾、赌博、吸毒等违法行为，一旦触及法理不容。

师德是教师职业的生命线，是教师形象的灵魂。只有守住师德底线，才能赢得学生的尊重和信任；只有拒绝任何形式的师德失范行为，才能维护教育的公平和正义；只有不断提升自身的道德修养和专业素养，才能成为学生心中永远的灯塔。

第五辑　学高为师，长流活水润青苗

与书为伴：儒雅气质自生成①

《中国教师报》披露，全国范围内，教师的个人藏书情况是：61.4%的教师在100册以下，其中10.5%的教师是"基本没有"；在教师年人均购书支出方面，60.5%的教师在200元以下，8.7%的教师"基本不支出"，即使是每年订阅的报刊，支出在200元以下的教师也高达65.3%；在每天的阅读时间上，70.4%的教师只在一个小时之内，2小时以上的教师仅占8.7%。

特级教师吴非教授说：学校里最可怕的是一群不读书、少智慧的人在辛勤地工作。

都说"教学相长"，在我看来可以是"读教相长"；都说"读书破万卷，下笔如有神"，在我看来可以是说"读书破万卷，教学如有神"。为什么这样说呢？因为不管有多好的现成的教案，不管有多高水平的名师，你不可能真正地克隆它。古人云：腹有诗书气自华。可见读书是提高自身素质的重要途径。"给学生一杯水，首先自己要有一桶水，更需要的是源源不断的长流活水"，这样才能长流长满，不致枯竭。教学实际是一个人内在文化素养的外化，如果腹中空空，教学就只能是个空架子。

读书是教师的职业方式、生活方式和修炼方式。生活教育靠家庭，知识教育靠学校，心灵教育靠读书。我1987年参加工作时候的学历只有中师，教中学英语没有专业文凭，于是坚持自学五年获得了英语自学考试专科文凭。2001年获得湖南师范大学教育管理本科文凭。2004年6月获得湖南师范大学教育硕士学位。最好的休闲方式是阅读。每天晚上睡觉前如果没有阅读1个小时，自然

---

① 本文是2003年4月校园读书节上，我在教师动员会上的讲话，原标题《做一个书香老师》，内容略作删减。

不能进入梦乡。在读研期间，我在图书馆，读了200多种书。后来我每年都会自费订阅10种以上、总价值1000多元的报刊，自费购买2000元以上的书籍。30余年一直与阅读相伴，和大师对话，不断提升自身科学素养和人文素养，读书伴我一路成长。

阅读，是心灵与智慧的对话，是灵魂深处的一次次旅行。它不仅能够拓宽我们的视野，增长见识，更能滋养我们的心灵，让我们的思想得以升华。在这个信息爆炸的时代，快速消费的文化产品充斥着每一个角落，但唯有深度阅读，才能让我们在喧嚣中找到一片宁静，与先贤智者进行跨越时空的交流。通过阅读，我们能够汲取前人的智慧，学会从不同的角度看待问题，这种开阔的视野和包容的心态，正是儒雅气质的重要组成部分。

对于老师而言，多读书意味着一种坚持与追求。在繁忙的教学工作之余，依然要保持对知识的渴望和对书籍的热爱。无论是夜深人静时的独自阅读，还是与同事间的交流探讨，都体现了对读书这一行为的执着和投入。这种坚持不仅可以持续充实自我、提升自我，更让自己在学生面前树立了良好的榜样，激励着学生们也成为热爱阅读、追求真理的人。随着阅读的深入，我的知识体系逐渐完善，对于世界的理解也更加全面和深刻。这种丰富的知识储备，让我在与人交谈时能够引经据典，信手拈来，展现出深厚的文化底蕴和广博的学识。而这样的气质，正是儒雅之士所必须具备的。

对于老师而言，书香浸润，可以塑造人格魅力。长期沉浸在书香之中，常与书本为伴，与大师对话，会不自觉地受到这些优秀品质的熏陶和影响，逐渐形成自己独特的人格魅力。这种魅力不仅体现在教师的言行举止上，更渗透在其教学理念和方法之中。一个热爱阅读、勤于思考的教师，往往能够激发学生的求知欲和探索欲，成为他们成长道路上的良师益友。

对于老师而言，经常阅读会助力读书与教育的高度融合。读书不仅是教师个人成长的需要，更是教育发展的重要支撑。当读书成为教师生活的一部分，与教育教学深度融合时，就会产生强大的教育力量。教师可以将阅读中的感悟和收获融入课堂教学之中，使教学内容更加生动、有趣、有深度。同时，还可以通过读书会、读书分享等形式，与学生们共同分享阅读的快乐与收获，营造一种积极向上的阅读氛围，助推学习型组织建设。

　　对于老师而言，与书为伴，在社交场合中往往能够展现出独特的魅力，言谈举止得体，温文尔雅，无论是与人交流还是讨论问题，都能引经据典，条理清晰。老师的语言富有感染力，能够激发听众的共鸣和思考。这种优秀的社交谈吐能力，正是儒雅气质的直接体现。它让人们在与这样的老师交往时感到愉悦和尊重，也让老师在各种场合中都能游刃有余地应对挑战。

　　对于老师而言，与书为伴，不仅能让我们的心灵得到滋养和升华，更能让我们在潜移默化中生成那份难能可贵的儒雅气质。它让我们的生命变得更加丰富多彩和有意义，也让我们在人际交往中展现出独特的魅力和风采。珍惜手中的每一本书籍，用心去阅读和品味它们，让书籍成为人生旅途中最坚实的伴侣。因为，书籍始终是智慧的灯塔、灵魂的栖息地。它们以静默而深沉的姿态，跨越时空的界限，传递着思想的光芒与文化的精髓。

读书致远：溢满浓浓"书香味"

李老师和罗老师都是八十年代中师毕业，分配到同一所学校，两个人都任教初中语文。三年后，李老师和罗老师的教学水平就开始拉开差距。罗老师一直当班主任，班级管理得有条不紊，多次被评为县市优秀班主任；知识渊博，教法灵活，风格独特，深受学生喜欢，所任教班级语文成绩优秀，被评为县市语文学科骨干教师，常有学术论文见于省级以上刊物，任教 15 年就晋升为高级教师。而李老师当班主任总是管不住学生，家长意见大，当了两年班主任后，学校就一直没有安排他当班主任了；上语文课教法传统，满堂灌，学生不喜欢，任教学科考试成绩长期居于末位，教育教学能力较低，到现在还是中级职称。

两个起点相同的教师，为何在教育教学中，会有两种不同的结果？初步比较发现：罗老师一心坚守三尺讲台，心无杂念教书，与学生关系融洽，养成了多读书、常思考、善反思的治学习惯，一直以教书育人为乐。而李老师仅以从教作为谋生职业，除了白天完成上课任务外，业余时间很少读书，很少研究教学，大部分时间用于喝茶、打麻将，甚至从事第二职业等。

《中学教师专业标准》中明确，教师专业知识包含教育知识、学科知识、学科教学知识和通识性知识，而学科教学知识是课程知识、学科知识、教学知识和学生知识的集合，是关于教师如何针对特定的学科主题及学生的不同兴趣与能力，将学科知识组织、调整与呈现，以进行有效教学的知识。与其说是一种知识，不如说是一种教师特有的"转化"的智能，即将学科知识"转化"成学生有效获得的学科教学智能。李老师和罗老师教育教学能力的差异就是在学科教学知识上的差异，突出表现在阅读与思考的差异。因此，养成阅读习惯是提升教师学科教学知识，助推教师专业发展的关键。

那么，教师该读些什么书呢？教师要不读废书，即"文化泡沫书"，拒读垃圾书。专业书,非读不可;专业以外的书,不读不行;人文书,滋润心灵的书,要经常读;提升科学素养、哲学思维的书,选择读。

一是多读一些经典教育理论方面的书籍。经典教育理论是教育学的基石,它们历经时间考验,依旧闪耀着智慧的光芒。对于教师而言,深入研读这些理论著作,不仅能够理清教育发展的脉络,更能从中汲取教育实践的智慧。如夸美纽斯的《大教学论》详细论述了教育的目的、内容、方法等问题,对后世教育产生了深远影响。杜威的《民主主义与教育》强调"教育即生活""学校即社会"等观点,提倡以学生为中心的教育模式,对于现代教育改革具有重要启示。《教育学原理》这类书籍通常系统地介绍教育学的基本理论、原则和方法,是教师掌握教育学基础知识的必读之作。通过研读这些经典教育理论,教师可以构建起坚实的教育理论基础,为教育实践提供有力支撑。

二是常读一点学科前沿研究方面的文章。随着科技的飞速发展和社会的不断进步,各学科领域的研究也在不断深入。教师只有紧跟学科前沿,才能将最新的知识和技术传授给学生。如定期阅读本学科的学术论文,了解最新的研究成果和学术动态,是教师保持学术敏感性和创新性的有效途径。参加学术会议和讲座,与同行交流切磋,也是了解学科前沿的重要途径。此外,一些高质量的在线课程和讲座也能为教师提供宝贵的学习资源。通过关注学科前沿研究,教师可以不断更新知识储备,完善知识架构,提高教学水平和科研能力。

三是精读一些教育心理学方面的书籍。掌握教育心理学知识,有助于教师更好地了解学生需求,提高教学效果。如《教育心理学》这类书籍通常系统地介绍教育心理学的基本理论、原则和方法,包括学习理论、动机理论、教学风格等内容。《学生心理发展与教育》关注学生心理发展的特点和规律,探讨如何根据学生的心理特点进行有针对性的教育。《教育心理学案例研究》通过具体案例的分析和讨论,帮助教师将教育心理学理论应用于实际教学中。阅读这些书籍,教师可以更深入地理解学生的心理世界,掌握有效的教育策略和方法。

四是研读一些哲学与教育思想方面的书籍。阅读哲学著作,有助于教师从更高的层面审视教育问题,形成独特的教育见解。如《论语》与儒家教育思想强调"仁爱""礼治"等观念,对东亚地区乃至全球的教育产生了重要影响。通过阅读西方哲学史,教师可以了解不同哲学流派对教育问题的思考和贡献,如柏拉图、亚里士多德、康德等人的教育思想。现代哲学如存在主义、现象学、后现代主义等也对教育产生了新的启示和影响。阅读相关著作，有助于教师拓宽教育视野，形成多元化的教育观念。

五是读一读教育史与比较教育方面的书籍，了解教育发展的历史脉络和不同国家、地区的教育制度和实践，有助于教师从历史的角度审视教育问题，借鉴他山之石。如《中国教育史》系统介绍了中国教育的历史演变和发展趋势，帮助教师了解中国教育的传统和特色；《外国教育史》介绍世界各国教育制度和实践的历史变迁，帮助教师了解不同文化背景下的教育理念和模式；《比较教育学》通过比较不同国家、地区的教育制度和实践，揭示教育发展的共性和差异性，为教师提供有益的借鉴和启示。

六是读一读教育科研方法论方面的书籍。教育科研是教师提升教学水平和专业素养的重要途径。掌握教育科研方法论，有助于教师科学、系统地开展研究工作，如《教育科研方法》介绍教育科研的基本步骤、方法和技巧，包括选题、设计、实施、分析、撰写等环节；《量化研究与质性研究》探讨量化研究和质性研究两种不同研究方法的特点、适用范围和操作步骤，可帮助教师选择适合的研究方法；教育统计学与 SPSS 应用知识有助于教师掌握教育统计学的基本原理和 SPSS 软件的应用技巧，对于提高教育科研的准确性和科学性具有重要意义。通过深入学习教育科研方法论，教师可以学会设计研究方案、收集和分析数据、撰写研究报告等技能，从而提升教育科研能力。这不仅有助于解决教学中的实际问题，还能促进教师个人的专业成长和学术发展。

七是了解关于跨学科知识融合方面的知识。在知识日益交叉融合的今天，跨学科学习已成为时代趋势。教师具备跨学科的知识储备，能够激发学生的学习兴趣，培养他们的综合素养。如跨学科教材与课程，关注那些融合了多个学科知识的教材和课程，了解它们是如何将不同领域的知识相互关联、相互促进的。阅读科普读物和综合类杂志，可以广泛地接触到科学、文化、社会等方面的知识，拓宽自己的视野。利用网络平台，参与跨学科的学习社群，与其他领域的专家和教师交流心得，共同探索跨学科教学的可能性和路径。通过跨学科知识的融合，教师可以设计出更加丰富多样、富有挑战性和启发性的教学活动，促进学生的全面发展。

　　八是泛读一些经典文学作品赏析。文学作品是人类精神文化的重要载体，蕴含着丰富的人生哲理和情感体验。作为教师，阅读经典文学作品，不仅可以提升自身的文学素养，还能在教学中更好地引导学生感受文学的魅力。如世界文学名著《红楼梦》《悲惨世界》《百年孤独》等，这些作品以其深刻的思想内涵、独特的艺术风格和广泛的影响力，成为世界文学的瑰宝。学习文学理论与批评知识，掌握分析文学作品的方法和技巧，有助于教师更深入地理解文学作品的价值和意义，了解如何将文学作品引入课堂教学，通过朗读、讨论、写作等多种方式，引导学生体验文学之美，培养其审美能力和人文素养。经典文学作品赏析不仅是教师个人文化修养的体现，更是培养学生人文精神和审美情趣的重要途径。通过文学作品的阅读和讨论，教师可以引导学生思考人生、理解社会、感悟人性，促进他们心灵的成长和丰富。

　　教师作为知识的传播者和学生成长的引路人，其学术底蕴的丰厚与否直接关系到教学质量和学生成长的质量。因此，教师应当广泛阅读、不断学习，从经典教育理论到学科前沿研究，从教育心理学精要到哲学与教育思想，从教育史与比较教育到教育科研方法论，再到跨学科知识融合和经典文学作品赏析等多个方面汲取营养、提升自我。理科教师要有人文素养，文科教师要有科学背景，所有教师都要有哲学头脑。教师唯有读书致远，溢满浓浓"书香味"，才能成为学识渊博、思想深邃、情感丰富的教育实践家。

遨游书海：探寻读书秘诀①

2001 年 8 月，我参加了全国在职教育硕士考试，被湖南师范大学录取，在读期间，在图书馆阅读了两百多种书籍，与书为友，与大师对话，汲取了许多丰富的精神营养。此后，阅读成为我生活中必不可少的部分，成了最好的休闲方式和最好的修炼方式。家中"儒雅藏书室"藏书3000多册，书房里、办公室里堆满了各式各样的书籍，从古典文学到现代科技，从教育理论到心理学著作，应有尽有。常有同事问我："书是你的朋友，也是你的老师。你每天都在繁忙的教学之中，怎么可以抽出时间沉浸在书海中，享受那份宁静与充实？"读书有法，但无定法，适合自己就是最好的。教师怎样把书读好呢？

一是有效的读书始于明确的目的与计划。教师应根据自己的专业需求、兴趣爱好，设定具体的阅读目标，并制订相应的阅读计划。计划应包括阅读时间、阅读内容、阅读进度及预期成果等方面，以确保阅读活动有序进行。如计划每个星期读一本书，两年读 100 本书。

二是自觉地把读书和教育教学研究结合起来，用读书指导实践，用实践深化读书，这样的读书才是最有用的读书。

三是读书还应不断思考、反思与实践。阅读之后的反思与实践是提升教学效果的关键环节。教师应定期反思自己的教学实践与阅读体验，分析存在的问题与不足，明确改进方向。同时，还要将阅读所得的新知识、新方法、新理念积极应用于教学实践中，不断探索与尝试新的教学模式和方法，促进教学创新与质量提升。当读书、研究和自我反思成为一种迫切的需要，成为一种必需的生活，成为一种习惯，也就达到了一种新的境界——一种思想的自觉或精神的

---

① 本文是 2004 年 5 月，我在学校"青年教师读书工程"座谈会上的交流发言稿，内容有删减，原文标题《给教师建议：青年教师可以这样读书》。

自觉的哲学境界。

四是读书还应和写作结合起来。造就教师的书卷气的有效途径，除了读书，大概就是写作了。写作最能体现一个人的综合素质。在读书、反思的同时进行写作，是一种可贵的生活状态、一种诗意的美好的人生境界。

五是在阅读过程中，教师应养成做笔记和总结的习惯。笔记可以记录重要观点、关键词和精彩段落；总结则有助于梳理知识脉络、提炼核心观点并形成自己的思考框架。通过笔记与总结，教师可以更好地掌握阅读内容，促进知识的内化与迁移。

六是读书贵在持之以恒。如果每分钟读 300 字，十五分钟便能读 4500 个字，每天坚持阅读十五分钟，一周可读 3.15 万字，一个月读完 12.60 万字，那么一年阅读量就高达 151.20 万字，按照平均每本书 7.50 万字计算，相当于 20.29 本，十年就是 202.90 本，二十年就有 405.80 本，三十年多达 608.70 本。随着阅读量的增加，教师的"书香气息"就愈发明显。

七是教师应勇于跳出学科界限，广泛涉猎不同领域的书籍和文章。通过跨界阅读，教师可以拓宽视野、丰富知识结构、激发创新思维，为教学提供新的视角和思路。

八是精读与泛读相结合。根据阅读目的与材料性质，教师可灵活运用精读与泛读的方法：对于重要章节、关键理论或难点问题，采用精读方式，深入钻研，力求理解透彻；而对于一般性内容或背景资料，则可采取泛读方式，快速浏览，获取大致信息。

九是互动分享阅读。阅读不应是孤立的行为，而应是互动与分享的过程。可以积极参与教师读书会、教学研讨会等交流活动，与同事分享阅读心得与教学经验，通过思想的碰撞与融合共同进步与成长。可以寻求教育专家的指导与帮助，解决阅读与教学过程中的困惑与难题。专家的指导能够为教师提供新的视角与思路，促进教育教学的创新与发展。可以利用网络平台如教育博客、微信公众号、学术论坛等，发布阅读心得与教学反思，与全国各地的教育同仁进行交流互动。

阅读是教师成长的阶梯，也是教育创新的源泉。每一位教师都是自我成长的主角，每一次阅读都是一次心灵的旅行，每一次反思都是一次智慧的升华。每一位教师都能成为阅读的践行者和传播者，让阅读成为我们生命中最亮丽的风景线。

第六辑　技高为师，三尺讲台育桃李

课比天大：坚守课堂主阵地①

"课比天大"，短短四字，却蕴含着深刻而丰富的教育内涵，值得每一位老师深刻思考与践行。

"课比天大"意味着一种至高无上的责任与担当。课堂是知识传承的殿堂，是学生智慧启迪的源泉。教师站在讲台上，面对那一双双充满求知欲的眼睛，所传授的不仅仅是学科知识，更是人生的道理、思维的方式、价值的取向。每一堂精心准备的课程，都是教师心血的结晶，更是教师对教育事业热爱与忠诚的体现。为了这短短的四十分钟，教师们需要花费数小时甚至数天的时间去备课、研究教材、设计教学环节、预测学生反应、准备教学资源，力求在有限的时间内将知识以最生动、最易懂、最有效的方式呈现给学生。一个精彩的课堂瞬间，可能会在学生心中种下热爱学习、追求真理的种子，可能会改变学生的一生。因此，每位教师视课堂为生命中最重要的舞台，不容许有丝毫的懈怠与马虎。

"课比天大"是学生成长成才的关键保障。在学校的时光里，课程学习占据了学生大部分的精力与时间。优质的课程能够激发学生的学习兴趣，挖掘他们的潜能，培养他们的综合素养。学生们在课堂上与老师互动交流，与同学合作探究，不仅收获了知识，更锻炼了沟通能力、团队协作能力、批判性思维能力等。每一堂课都是一次成长的机遇，学生们若能以敬畏之心对待，认真听讲、积极思考、踊跃参与，便能在知识的海洋中畅游，不断充实自己，为未来的人生道路奠定坚实的基础。相反，如果轻视课堂，将其视为可有可无的形式，那

---

① 本文是我在 2009 年 10 月"课堂教学质量年"师生动员大会上的讲话稿，原标题为《向课堂要质量》，内容略作删减。

么错过的将不仅仅是知识，更是自我提升与生命发展的宝贵机会。

"课比天大"应成为学校一切工作的核心准则。学校的硬件设施建设、师资队伍培养、教学管理制度制定等，都应以服务课程教学为出发点和落脚点。要为师生创造良好的教学环境，提供丰富的教学资源，建立科学合理的教学评价体系，激励教师不断提高教学质量，引导学生重视课堂学习。

当今社会，科技飞速发展，教育形式日益多样化。在线课程、远程教育等新兴教育模式不断涌现，给传统课堂教学带来了挑战与机遇。然而，无论教育形式如何变化，"课比天大"的理念都不应被削弱，反而应得到进一步强化。传统课堂教学可以借助现代技术手段，更加生动有趣、高效便捷；新兴教育模式也应以课程质量为生命线，精心设计课程内容，严格把控教学环节，确保学生能够获得优质的教育服务。

"课比天大"，教师需要做到以下几点。

一是精心备课。教师要深入研究教材内容，梳理知识体系，明确教学目标。例如，对于语文教师而言，在教授一篇课文时，不仅要理解文字表面的含义，还要挖掘其背后的文化内涵、作者的情感态度等诸多因素，结合学生的认知水平和学习能力，设计出合理的教学流程，预测学生可能遇到的难点，准备好应对策略。

二是提升教学能力。教师要不断学习新的教学方法和教育理念，参加专业培训、学术研讨活动等。例如，通过参加教学技能培训，学会运用多媒体等多种手段辅助教学，增强课堂的吸引力，并且在实际教学过程中不断反思和总结经验，根据学生的反馈及时调整教学方式，以提高教学质量。

三是保证教学状态。教师要以饱满的精神状态进入课堂。在上课前调整好自己的情绪和心态，把个人生活中的烦恼暂时抛在一边。同时，教师要注重自己的仪表仪态，穿着得体、举止大方，给学生留下良好的印象，在课堂上全神贯注地引导学生学习。

"课比天大"，学生需要做到以下几点。

一是端正学习态度。学生要充分认识到课堂学习的重要性，树立正确的学习观念，把每一节课都当作获取知识、提升自我的宝贵机会，以积极主动的心态去面对。例如，在心里给自己设定一个目标，每堂课都要至少学到一个新的知识点或者技能。

二是做好预习和复习工作。提前预习课程内容，了解基本概念和大致框架，这样在课堂上能够更好地跟上老师的节奏；课后及时复习，巩固所学知识，加深理解。比如对于数学课程，预习可以帮助学生在课堂上更容易理解公式的推导过程，复习则能更好地掌握解题方法。

三是遵守课堂纪律。严格遵守课堂的规章制度，不迟到、不早退、不旷课。在课堂上集中注意力，不做与学习无关的事情，比如玩手机、交头接耳等。积极参与课堂互动，认真回答老师的问题，与同学开展小组合作学习，营造良好的课堂学习氛围。

"课比天大"，学校需要做到以下几点。

一是加强教师队伍建设。学校要招聘优秀的教师人才，为教师提供持续的职业发展支持。比如定期组织教师培训，邀请教育专家来校讲学，为教师搭建交流教学经验的平台。同时，建立合理的教师评价机制，将教学质量作为重要的考核指标，激励教师不断提高教学水平。

二是优化课程设置。学校要根据教育目标和学生的需求，合理规划课程体系。课程内容既要注重知识的系统性和科学性，又要关注学生的兴趣和社会的实际需求。例如，加大实践课程的比重，让学生在实践中更好地理解和应用理论知识。并且合理安排课程时间和教学资源，保证课堂教学的顺利开展。

三是营造良好氛围。学校要在校园文化建设中强化"课比天大"的观念，通过校园广播、宣传栏等多种形式宣传课堂学习的重要性，表彰优秀的教师和学生，树立学习榜样，让"课比天大"的理念深入人心。

"课比天大"是一种教育信仰，是对知识的尊崇、对学生的关爱、对未来的负责。它提醒着我们，在追求教育现代化的道路上不能迷失方向，要始终坚守课堂教学这一主阵地，用心去打造每一堂课，让教育的光芒在课堂中闪耀，照亮学生前行的道路。

把课上好：追求有品质的好课①

把课上好，其实不难，在课堂上师生要各自占领好自己的阵地，彼此不可包办代替。一是学生在课堂上要自主，即自主管理、独立思考、合作交流、完整表达、展示提升等；二是老师在课堂上要引领，即教师应以质疑、追问、启发、总结等引导学生主动思考、参与课堂。就像教人学开车一样，老师就是要当好"教练"，示范时需要耐心，监督时结果必须有保证，点燃时激发更多潜在可能。

有品质的好课要讲究效益。课堂效益有一个这样的公式：$1 \times ? = $ 效益。"1"即教师，并假定为"恒数"，那么学生即为"？"，学生投入多少状态的"？"，即收获正倍或负倍的效益。假定"？"是0，那么 $1 \times 0 = 0$，这样的课堂叫"零效益课堂"（无效）；假如"？"是2，则 $1 \times 2 = 2$，这样的课堂叫"正效益课堂"（有效、高效）；假如"？"是 -1，则 $1 \times (-1) = -1$，这样的课堂叫"负效益课堂"（负效）。

可见，课堂效益取决于学生在课堂上投入的状态。关注学生状态的课就是有效益的好课。2014年5月1日，一位年仅30岁，来自美国马里兰州巴尔的摩县的帕塔普斯科高中与艺术中心的英语教师肖恩·麦库姆，从总统奥巴马手中接过了象征教师最高荣誉的"水晶苹果"，成为美国历史上最年轻的"国家年度教师"之一，在颁奖典礼上他说：在我的课堂上，我不教英语，我教学生！

有品质的好课，课堂有"三声"。一是有掌声，教师授课深刻与精辟，学生有感悟，自发发出掌声；二是有笑声，教师授课生动与精彩，学生感兴趣，自然发出笑声；三是有辩论声，学生自主与探究，参与度高。

---

① 本文是2022年8月我为全市新教师培训授课课题"实现课堂有效，演绎课堂精彩"的部分内容。

我曾经向学生做过"学生心目中的好课""学生心目中的好老师"的问卷调查和跟踪。"学生心目中的好课"是这样的。

"不知不觉就下课了的课最有余味。"

"不让学生分心，不打瞌睡的课最难得。"

……

"学生心目中的好老师"是这样的。

"下课后被我们缠着不放才是我们最酷的老师。"

"好教师就是在课堂上显得比平时更漂亮的人。"

"老师，你微笑时最美。"

"老师就是面带微笑的知识。"

……

曾记得上高中时，我的语文老师走进教室的第一句话是"我的语文课，同学们可以打瞌睡"。听到这句话，我顿觉愕然，老师真民主啊。高三毕业的时候，我们才发现，高中三年我们老师上语文课，我们班上同学都没有打过瞌睡，因为语文老师的课很精彩，语言风趣幽默，学识渊博，旁征博引，授课魅力征服了我们，很多时候不知不觉就下课了。直至现在，我教书快40年了，我都无法达到我的高中语文老师的授课境界，没胆量说"我的政治课，同学们可以打瞌睡"。

有品质的好课，要经得起"三看"。

一看目标。上课前，老师要想清楚：一节课到底要干什么？教学目标不仅为课堂提供了方向，还帮助学生明确学习的预期成果。教师应根据课程标准和学生的实际情况，制定短期和长期的教学目标，以确保每节课的内容都能紧紧围绕这些目标展开。教学目标设计一要恰当，要保证学习内容最适合本节课学习；二要具体，明确一节课究竟要让学生学会哪些知识，培养哪些能力、哪些情感态度与价值观，具体不是面面俱到，而是要具体到重点、难点、易混点；三要可测，目标的达成度一定要便于测量，目标不可测，课堂优质无着落。

二看过程。一方面看教师的知识储备，课堂导入尽量开门见山，别绕来绕去，半天没引入课题。恰到好处的情境导入很有必要，如讲趣事、说故事、角色扮演、视频导入等。教师一节课到底要教什么？不是教教材，而是用教材教，要善于挖掘教材中的隐性信息。另一方面要看教师对教学内容的处理方式。对于学生通过预习已懂的，只需要进行预习后的检查反馈则可；学生不懂但可以看懂的，教师只要概括与提炼；老师必须讲的，讲授阐明不可少，且要精讲；学生听不懂的，但实践中才能懂的，教师要做好活动设计与示范。在教学过程中，要做好课堂观察。一是观察学生的情绪状态，如发亮的眼睛、兴奋的神情；二是观察学生的交往状态，如共享合作、相互依赖、亲密无间、彼此支持，没有对抗和拒绝；三是观察学生的认知状态，如学生是不是在动脑筋，进行深度思考；四是观察学生的参与状态，如学生是否注意力集中、真正在进行学习等。

三看结果。一方面要从认知角度出发看学生的课堂表现，即参与状态、情绪状态、交往状态；另一方面要看课堂教学效度，如目标达成度、学生参与度、幸福度。教学目标明确，结构明晰，强弱得当，训练到位，且能促进学生进行有价值的思考，就是效果好的课。此外，要处理好知识和能力、效果和效益、预设和生成的关系。

有品质的好课，教师需要运用多样化的教学方法，以满足不同学生的学习需求。灵活的教学策略不仅能增强学生的学习兴趣，还能提升他们的参与度和思维能力，如互动式教学、探究式学习和差异化教学三种有效的教学方法。

互动式教学强调师生之间、学生之间的交流与合作，能够有效提高学生的参与感和学习动机。在互动式教学中，教师不再是单向的知识传递者，而是课堂的引导者和促进者。

我上政治课时，常常采用小组讨论和角色扮演的方式。在讨论某一事件时，我会将学生分成几个小组，让他们分别代表不同的人物，进行辩论和讨论。通过这种角色扮演，学生不仅能深入理解事件的多维性，还能培养他们的批判性思维和表达能力。许多学生在这样的互动中表现出极高的热情，他们不仅积极参与，还愿意为自己的观点辩护，这种互动氛围极大地提升了课堂的活跃度。

此外，我还会利用线上互动平台，鼓励学生在课后继续交流和讨论。这种方式不仅打破了时间和空间的限制，还增强了学生之间的联系，使他们在学习上形成了一种良好的合作氛围。

探究式学习强调学生的自主学习和主动探究，让学生在实践中发现问题、提出问题并解决问题。这种学习方式能够有效培养学生的独立思考能力和创新意识。

在课堂上，我鼓励学生进行问题导向的学习。每次课前，我会提出一个与课程相关的问题，鼓励学生进行自主探究。在某次课程中，我要求同学们模拟制定一项新的校园规则，并强调每位同学都是"小小立法者"，有权提出自己的建议和意见。学生们在小组中讨论，随后通过问卷调查、师生访谈、观察记录等方式收集意见及建议，接着各小组内部讨论调研结果，形成初步的改进方案或新规则提案，最后采用举手表决或投票的方式，模拟立法机关的表决过程，对规则草案进行表决。这样的探究过程，不仅让学生在实际操作中理解公民权利与义务的内涵，还培养了他们的团队合作能力和解决问题的能力。

探究式学习的成功还在于教师的支持与引导。在学生进行自主探究的过程中，我会适时给予指导，帮助他们理清思路，并提供必要的资源。这种支持不仅能增强学生的学习信心，也能促使他们更深入地思考问题。

每个学生的学习能力和风格都有所不同，因此，差异化教学的实施尤为重要。教师应根据学生的个体差异，调整教学内容和方法，以满足不同学生的需求。

在课堂上，我常常采用分层教学的策略，根据学生的能力水平，将他们分成不同的学习小组，为每个小组设置相应的学习任务和挑战。对于基础较弱的学生，我提供更多的巩固练习和一对一的辅导，以帮助他们建立自信；而对于学有余力的学生，则给予更高难度的项目和拓展材料，鼓励他们深入研究。例如，在上课时，我会为基础较弱的学生设计简单的练习题，让他们在理解基本概念的同时逐步提高；而对那些能够独立解决问题的学生，我会提供更复杂的材料题，激发他们的探究欲望。这种差异化的教学方式不仅能提高每个学生的学习效果，也能增强他们的自我效能感。

有品质的好课，教师要做到精讲。心理学相关研究表明：听到一场讲演开始 15 分钟内容的听众中能够记住演讲内容的占 40%；听到一场讲演最初 30 分钟内容的听众中能够记住最初 15 分钟里演讲内容的占 23%；那些听了 40 分钟的听众，只能记住全部内容的 20%。因此，教师授课时必须做到精讲。做到"三教""三不教"。"三教"，一是教学生困惑的地方，如预习、练习中存在的问题；二是教学生感到最难的地方，如课堂上生成的问题（小组讨论、展示才能生成问题）；三是教学生怎么也想不到的地方，如教材开发中需要补充、拓宽、加深的内容。精讲时一要做到互动，点拨不能是教师的一言堂或独角戏，要为生生互动、组间互动、师生互动提供机会；二要生成，课堂有效看生成，分为横向（广度）、纵向（深度）、系统（三维目标）三种生成形态；三要示范。"三不教"，即学生自己可以学会的不教，超纲的内容不教，教了也不会的内容不教。

有品质的好课，要重视精练。课堂教学中，让学生动手做、动眼看、动情读、动口议、动笔写、动脑思都是练。做到能让学生观察的，就让学生自己描述；能让学生表述的，就让学生自己表达；能让学生动手的，就让学生自己体验；能让学生自己思考的，就让学生自己分析；能让学生自己得出结论，就让学生自己推断。见解让学生（自由）讲，重难点让学生（充分）议，思路让学生（自己）悟，规律让学生（反复）找，总结让学生（自己）写。

有品质的好课，要导向核心素养的教学。课堂上教师是教学生"学不会的"而不是教学生"不会的"；课堂要去教师主导化而不是去教师化；课堂要以学习为中心而不是以学生为中心；课堂上要关注孩子发展而不仅仅是学生喜欢；课堂上让学生参与活动而不仅仅是参加活动；课堂上是放手而不是放纵、放羊；课堂上要追求高认知行为而不是高活动行为，促进高阶思维；课堂上学生探究要体现学科特色深度探究，而不是同质化、浅层化，泛泛套路化走流程；课堂上要关注目标呈现，更要关注目标达成；课堂要依学情而教，更要依课标而教。有品质的好课，应能实现知识联结，解决"不知所云""迷惑不解"问题，降低新知学习难度，达到"知其然，知其所以然"的目的；实现课堂有生成，解决"囫囵吞枣""浅尝辄止"的问题，形成更深刻的记忆与理解，追求"过目不忘"的效果；实现学习迁移，解决"食古不化""死搬硬套"的问题，目的是"记得住、用得上、考得好、思路活"。

把课上好，追求有品质的好课是一个系统工程，需要教师注重课堂教学效益，在设计教学目标，重视教学过程，做到精讲、精练、导向核心素养教学上下功夫。只有不断努力探索和实践，才能逐步构建起具有自己特色的高品质课堂，为学生的全面发展奠定坚实的基础。在这个过程中，教师不仅是知识的传递者，更是学生成长的引路人。

研磨课型：建构有生命活力的课堂

2013年10月，我有幸随中国民办教育协会考察团到美国考察基础教育。在美国伊利诺伊州一所中学，我们走进一堂物理课，课堂上，美国老师让小朋友反复"玩"弹簧，玩了10分钟左右，老师让学生说出"玩"中所悟。如果在我国，我们的物理老师又如何实施此内容教学？大概率是教师演示弹簧，讲解弹簧原理，阐述弹力概念，要求学生记住原理，尝试练习巩固所学知识……

为何东西方教学有如此大的差异？因为东方的孔圣人是一名"布道者"，强调传授、灌输和记忆，要求学生带着兴趣去听，理解知道答案，掌握学科要领，善于循序操作，以固化知识为主，重在理解、记忆和应用，促进学生低阶思维发展。而西方的苏格拉底是一名"助产士"，强调启发、讨论和质疑，鼓励学生表达自我观点，提出新的问题，演绎推理迁移，善于创意发明，以激活思维为主，重在分析、评论和创造，促进学生高阶思维的发展。

在新中国历史上，我国先后经历了三次大的课改，始终以核心素养为导向，培养全面发展的人。第一次是1952年（1.0版）的"双基"教学，强调核心素养并不舍弃基础的读写算能力、具体领域的知识和技能。第二次是2001年（2.0版）的"三维目标"教学，强调核心素养是跨学科的，高于学科知识的、综合性的，是对于知识、能力、态度的综合与超越。第三次是2022年（3.0版）的"学科核心素养"教学，强调核心素养与素质教育有着内在的一致性，是对素质教育的进一步深化，是素质教育再出发的起点。

由"知识教学"到"素养教学"、由"解题"到"解决问题"的教学转型，作为老师，需要树立以学为中心，为核心素养而教的新理念，思考"学什么""为什么学""怎么学""我要到哪里去""怎样去""需要什么资源"

"我真的到那里了吗"等问题,并通过学科核心素养,培养学生的必备品格、关键能力和价值观念。要实现这个目标,关键是要建构好与学科核心素养相匹配的新授课、复习课、习题讲评课三类课型,凸显具有生命活力的素养课堂。

新授课课型坚持学生以学为中心、教师为核心素养而教的课堂理念,从学生学习动机出发,基于主题(案例、问题、项目)的学习,让学生明白为什么要学,集体化(个别化、合作式、协作式)学习,采取任务驱动、目标导学推动,实现从"要我学"到"我要学"的转变;从组织教学出发,建构"创设情境—提出问题—自主学习—合作探究—展示提升—总结拓展"等环节,采取自主、合作、探究学习方式,达到"我会学"的目的;从学习技巧角度,通过学、问、思、辨、行等方式,达到"我学会"的目的。绘就"以学为中心,以情境导入、目标导航、议题导学、思维导图、启思导行"的"一心五导"课堂施工图,让新授课落地生根。

复习课课型坚持教师以学生为主体,"五主(课标、教材、课内、练测、能力)"织网的教学理念,建构"忆、梳、析、测、评"五个环节,绘就"揭示目标—梳理知识—典型解析—当堂练测—评价反馈"的复习课施工图,让复习课可操作性更强。

习题讲评课设计理念是坚持教师以针对性、层次性、指导性为宗旨,以学生听懂了、会做题、讲得清为目标,建构"以错定标、明确目标—合作纠错、释疑归因—回归教材、巩固基础—典型分析、概括归类—变式训练、诊断效果"五个环节,绘就"引:考情分析;纠:自主纠错;析:合作纠错;评:重点讲评;练:变式训练"的施工图,让试卷讲评课流程更清晰。

特级教师于漪说:每一节课都会影响学生的生命质量。建构三类具有生命活力的课型,要重点关注以下几点。

一是要加强集体备课。牢牢把握"个人领会、集体研究、把握课标、重组资源"的原则,变"教教材"为"用教材",最终形成具有教师个人风格的教学设计;要备教材,但绝对不是由教材到教案的简单"位移",要对教材重新组织结构,把握脉络,揭示内在规律。

二是要找准学生的学习起点。学生的学习起点是指学生按照教材学习要求应具有的知识基础以及在此之上的理解、计算和实验能力等。把握好学生的学习起点，进行难度适宜的教学，学生的学习就会更高效。

三是要探究实施过程。教学有法，教无定法，教必得法，立足常规，倡导启发，推行探究，鼓励创新。"自主、合作、探究"的学习方式，就是通过学生自主提问、自主讨论、自主选择、自主创造、自主领会、自主体验等，真正让学生学会学习、学会探究、学会创新，使以学生为主体、教师为主导的教学思想落到实处。

四是要精心做好练习和作业设计。设计理念要以新课标中"学业质量标准"为依据，体现学科特点，根据学生学习需要和能力基础，精准把握"已做、新做、未来做"的作业梯度和作业难易度，合理确定作业数量，丰富作业类型，提高作业设计品质。做到精选练习题，练有目的，练有重点；练有层次，形式多样；针对性强，及时反馈。实施单元结构化练习设计，以教学评一体化为载体，聚焦解决学生"不想做、不能做、做不好"的问题，关注学生练习过程和行为表现。要练例分开，范例引路，解出一个题，悟出一片题，达到过好审题关、题意关、思路关、方法关、表达关、反思关，导悟结合、融会贯通、举一反三的训练目的。要分层，要循序渐进，由浅入深，兼顾不同层次学生的认知基础，设计适应差异的弹性练习结构。要限时当堂完成，课堂有效并不一定指向所有学生都学会，而是应该通过练习反馈，及时了解哪些学会了，哪些没有学会，到底是哪里不会。要紧扣和服务于教学目的，与教学内容密切相关；对学生有意义、有价值，并且有趣；具有一定的弹性变化和多样性；难易适度，能促使学生在某个特定方面进步；作业量必须适当，学生能够完成。要从真实情境精选材料，设计实际问题，从用学科知识解决问题出发，探索以核心素养为导向的作业与命题设计方法。如湖南常德市 2022 年物理中考选择题第 8 题：常德市在旧城改造中，对空巢老人居住的房屋优先实施改造。志愿者小唐对刘奶奶的厨房电路进行了改造，用 LED 灯替换了白炽灯，添加了一个换气扇，刘奶奶说开关要方便且省电。选项图中符合要求的电路是（　　　　）

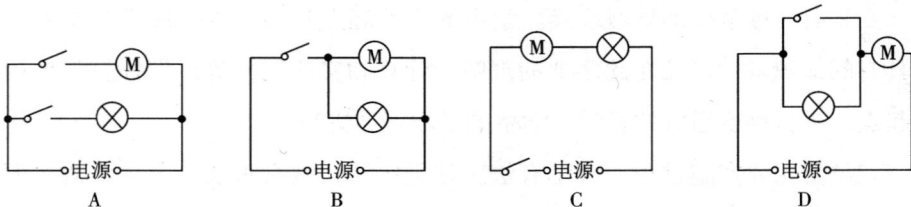

这个题的真实情境是：常德市在旧城改造中，对空巢老人居住的房屋优先实施改造；实际问题是：志愿者小唐对刘奶奶的厨房电路进行了改造，用 LED 灯替换了白炽灯，添加了一个换气扇，刘奶奶说开关要方便且省电；问题解决是：要用初中所学物理串并联电路知识来解决。

五是课堂要以学生为主体，归还学生的动手权（手动）、话语权（口动）、思维权（脑动）、归纳总结权（心动）等四个权利；要以问题为中心，实现四个转型，即从知识讲解向问题解决转型，从介绍方法到体验方法转型，从老师讲解到学生表达转型，从背记规律到探索规律转型，最终实现从知识传授到关系建构的转化。

建构三类具有生命活力的课型，需要在教学实践中反复研磨，渐入佳境。新授课重在目标集中，一节课只需要落实一个或几个"点"，实现教学内容由薄到厚的目的；复习课重在梳理、建构，用主线将"点"连成线、织成网、形成片，实现由厚到薄的目的；试卷讲评课重在将某一点或一部分知识转化为技能、技巧，实现思维的提升。如果将新授课比喻为种植一棵树，那么复习课就是让一棵棵树组成森林，试卷讲评课就是让森林中的小鸟展翅飞翔。

敬畏课堂：让课堂教学更精彩①

在一所普通中学的数学课堂上，李老师面对的是一群基础参差不齐、兴趣各异的学生。传统的教学方法往往难以满足所有学生的需求，导致部分学生感到枯燥乏味，甚至产生厌学情绪。李老师深知每个学生有着不同的学习方式和节奏。因此，她决定采用个性化教学策略，让课堂更加贴近学生的实际需求。她首先通过问卷调查和日常观察，了解每位学生的学习习惯、兴趣点及困难所在。随后，她根据这些信息，将班级分为几个学习小组，每个小组的学习任务和进度都有所不同。对于基础较弱的学生，她设计了更多基础巩固练习和一对一辅导；而对于学有余力的学生，则提供了更高难度的挑战题和探究性学习项目。经过一段时间的实践，李老师发现学生的学习积极性显著提高：原本对数学感到恐惧的学生开始主动提问，尝试解决问题；而优秀的学生则能在更广阔的领域探索，不断挑战自我。课堂氛围变得更加活跃和谐，学生之间的合作与竞争并存，促进了全体学生的共同进步。

敬畏课堂要求教师尊重每个学生的独特性，实施个性化教学。这不仅能够激发学生的学习兴趣和动力，还能帮助他们找到适合自己的学习路径，实现个性化发展。

在信息时代的大背景下，传统的黑板加粉笔的教学模式已难以满足现代学生的需求。张老师是一位年轻的历史教师，他敏锐地意识到科技在教育中的巨大潜力。张老师决定将科技融入课堂教学，为学生打造一场视听盛宴。他利用多媒体教学设备，将历史事件以视频、音频、图片等形式生动呈现；同时，他还开发了线上互动平台，让学生在课后也能随时随地进行学习交流和资源共享。

---

① 本文是 2022 年 8 月，我为全市新教师培训授课（课题"实现课堂有效，演绎课堂精彩"）的部分内容。

为了增强学生的参与感和体验感，张老师还组织了一系列历史情境模拟活动，让学生在角色扮演中深入理解历史人物的内心世界和时代背景。学生们对这样的课堂模式表现出极高的热情。他们不再是被动的接受者，而是积极的参与者和探索者。科技的应用不仅让历史知识变得更加直观、生动，还激发了学生的好奇心和求知欲。在情境模拟活动中，学生们更是展现出了惊人的创造力和团队合作精神。

敬畏课堂要求教师勇于创新教学方法和手段，充分利用现代科技手段提升教学效果。这不仅能够丰富课堂内容、开阔学生视野，还能激发学生的学习兴趣和创造力，使课堂成为学生乐于学习、勇于探索的乐园。

在一所乡村小学的语文课堂上，刘老师面临着诸多挑战。由于资源有限、家长重视程度不高等，学生们的学习积极性和自信心普遍较低。刘老师深知情感投入对于学生学习的重要性。她努力营造一种温馨、和谐的课堂氛围，让学生感受到来自教师的关爱和支持。在课堂上，她不仅传授知识，更注重与学生的情感交流。她经常鼓励学生表达想法和感受，耐心倾听他们的困惑和烦恼，并给予积极的引导和帮助。同时，她还利用课余时间与学生谈心、做游戏，拉近与学生的距离。随着时间的推移，学生们逐渐对刘老师产生了深厚的感情。他们开始愿意在课堂上积极发言、参与讨论；在遇到困难和挫折时，也能主动向刘老师寻求帮助和支持。师生关系变得更加融洽和谐，学生的学习成绩和自信心也有了显著提升。

敬畏课堂要求教师注重情感投入和师生关系的构建。亲其师，信其道。只有当学生感受到来自教师的关爱和支持时，他们才会更加信任教师、尊重教师，从而更加积极地投入到学习中去。良好的师生关系是课堂教学成功的关键之一。

王老师是一位有着多年教学经验的老教师。她深知教育是一项永无止境的事业，需要不断地学习和反思才能不断进步。王老师养成了每天写教学反思的习惯。无论是课堂上的一个小插曲还是一次成功的教学活动，她都会认真记录下来并进行分析和总结。她还会定期邀请同事和学生对她的教学进行评价和反馈，以便更全面地了解自己的教学情况和存在的问题。在此基础上，她不断调整和优化自己的教学策略和方法，力求使课堂教学更加符合学生的需求和期望。通过持续的学习和反思，王老师的教学品质得到了显著提升：课堂更加生动有趣、富有启发性；教学方法更加灵活多样、因材施教；教学态度更加严谨认真、充满激情。学生们对她的课堂赞不绝口，纷纷表示在这样的课堂上学习是一件非常幸福和充实的事情。

敬畏课堂要求教师保持谦虚好学的态度，不断进行自我反思和成长。这不仅是对学生的负责，更是对教育事业的热爱与执着。教师必须保持对新知识、新技术的敏感度和学习热情，不断更新知识结构和技能体系。通过参加专业培训、阅读教育文献、参与教学研讨等方式，教师可以了解最新的教育动态和研究成果，并将其应用到课堂教学中去。教学反思是教师成长的重要途径。通过回顾教学过程，分析教学得失，教师可以发现自己的不足之处和需要改进的地方。这种自我审视和批判性思维有助于教师形成更加科学、合理的教学理念和方法。同时，教师还应该积极寻求同事、学生以及家长的反馈和建议，从不同角度了解教学效果和问题所在，以便更加全面地改进教学。

敬畏课堂是一种态度、一种责任、一种追求。只有当我们真正敬畏课堂、敬畏学生、敬畏教学艺术并勇于反思与成长时，课堂教学才能更加精彩纷呈、充满活力。

授之以渔：让课堂教学更有效①

在教学中，我们经常会有这样的体会，有时自己很负责任地备好课，上完课之后再把书上的题目一道一道地讲给学生听，学生却听得很累，依旧是没有学会。我曾经做过一次"学生心目中最好的课"的调查，学生反馈：下课了还想迫不及待地追着老师问问题的课最好。要让学生喜欢上你的课，这就需要我们教师的教育观念发生转变，教育意识也要逐步地改变。我们应该"引导学生走向知识"，真正实现"授之以渔"。我想，我们的教学应该是老师的教与学生的学的统一，这种教与学统一的实质是一种交往、一种沟通、一种合作，是以教促学，以学促教，最终真正地实现教学相长的目的。上好每一堂课是我们每一位教师的责任，让课堂更精彩、更受学生青睐是我们的奋斗目标。如何才能提高我们的课堂效率，让我们的课堂教学变得更有效，让学生在愉悦的学习环境中掌握知识呢？

一、创设情景，巧妙导入

导入语不仅为教学过程定基调，也是激发学生学习兴趣非常关键的一步。俗话说"兴趣是最好的老师"；于漪老师曾说："在课堂教学中要培养、激发学生的兴趣，首先应抓住导入新课的环节，一开始就把学生牢牢吸引住。"所以激发、维持、调节学生的学习兴趣，是让课堂教学精彩的重要前提。新课改非常关注学生的情感态度，以及学生的主动性、学习内驱力等品质的发展。这是因为学生在参与学习的过程中会产生多样化的情感体验，而正是这些多样化的情感体验逐步促进了学生在课堂教学中的兴趣和自信心的发展。所以，我们一定

---

① 本文是2022年8月我为全市新教师培训授课课题"实现课堂有效，演绎课堂精彩"的部分内容。

要注意运用各种教学手段激发学生的学习兴趣，使学生积极主动参与到学习活动中。首先，我们可以在备课时针对学生的年龄特点、认知水平，精心设计每一堂课的导入，创设问题情景，用形象化的语言先声夺人；提出富有启发性、挑战性的问题，把相对抽象的教学内容融入对学生有吸引力的各种特定的情景中，譬如语言情景、数式情景、图形情景、实际情景等。这样，学生就能很快进入"角色"，成为课堂的主人，也能精神振奋、兴趣昂扬地进行思考，自主探索。可见，老师自然巧妙的导入，特定情景的创设，就会让学生产生好学之乐。例如在"分数的基本性质"教学中，运用猴王分桃的故事导入：猴山上的猴子最喜欢吃猴王分的桃了，有一天，猴王拿了三个大小一样的桃子分给小猴们吃，它先把第一个桃子平均分成 4 块，分给猴 A 一块。猴 B 见到说："太小了，我要两块。"猴王就把第二个桃平均分成 8 块，分给猴 B 两块。猴 C 更贪，它抢着说："我要 3 块，我要 3 块。"于是，猴王又把第 3 个桃子平均分 12 块，分给猴 C 三块。你们知道哪只猴子分得多吗？通过观察比较和验证，得到结论：三只猴子分得的桃一样多。这样的导入把比较抽象的分数性质，融在学生熟悉的猴王分桃情境中，通过故事设疑，激发学生思考，使其在不知不觉之中进入问题情景，激发学生的求知欲。

二、根据学生的认知水平，精心设计教学过程

要想让我们的课堂更有效，离不开教师对教材的熟悉和对教学过程的精心设计。在设计教学过程中，教师必须要根据学生的认知水平，遵循学生的认知规律。现代认知心理学认为，学生的学习过程是学生原有的认知结构同所学新知识互相作用形成新的认知结构的过程，因此，在设计教学过程时，我们要了解学生的认知结构，把握新旧知识的联系，找准新知识的切入点，充分利用旧知识来学习新知识是教学精彩的关键。所以在设计教学过程中，要在导入环节、新授环节及巩固练习中遵循学生的认知规律，充分运用迁移，适当分解知识的难点、合理划分教学的层次，引导学生一步步攀登，让学生在有挑战的探索攀登中体验成功的喜悦。例如一位小学数学老师在"两位数加两位数"的教学过程中，先让学生复习一位数加一位数，掌握好运算方法，再引出两位数加两位数，让学生先按一位数个位对个位相加的方法计算，若得数大于或等于十就向十位进一，个位上是几就写几；若得数小于十的话就直接把得数写在个位，然

后根据观察，让学生大胆说一说十位对十位的相加方法，之后得出相加的得数是多少就直接写多少；若个位进了一个十的话就只要把刚才算的得数加一然后直接写出答案。这样学生根据原有的知识结构，很快就掌握了新知识。

三、根据学生的学习过程，灵活调控教学过程

众所周知，上课是整个教学工作的中心环节。我们要正确理解并全面贯彻教学原则，并积极探索先进的教学理论以及教法学法，不断提高课堂教学效率。根据学生学习进程，必要时，也可以根据学生的接受情况对教学目标、内容、方式或进度做出必要的调整，以适应学生的学习实际。在教学过程中，还应该多关注那些学习有困难的学生，针对不同学习基础的学生，我们要在教学目标和教学内容上尽可能符合不同层次学生的要求，采用不同的教学方法方式，达到因材施教的效果。按时完成教学任务的保障是良好的教学秩序，所以我们要注意灵活调控正常的教学秩序，努力创设民主、平等、和谐的课堂环境氛围。

四、充分利用多媒体辅助教学

我们生活在信息网络化的时代中，应将多媒体技术和网络技术等信息技术更多地应用到教学中。运用现代化技术，可以优化学习环境，优化教学过程，激发学生学习兴趣，创新学习方式。信息技术与教学课程的整合需要我们有计划、有目的地实施，运用多媒体进行教学是让课堂变得更精彩的重要手段。在教学中使用的多媒体，大多数都是为教师教学服务的，教师应成为教学的设计者、主持者和引导者。我们应充分利用多媒体手段辅助教学，创设符合教学内容和要求的问题情境，增加学生的感性认识，激发学生学习新知识的兴趣，给学生更多的想象空间，从而增强学生的学习动机。例如在"26个英文字母"教学中，可以在网络上搜集直观性、形象性强的有关26个英文字母的图片及影像，加深学生对字母的初步认识，然后通过多媒体动画展示出不同字母的大小写及播放教学视频等，加深对每个字母的认识，最后掌握字母的书写。巧用多媒体，我们就可以轻松教学，学生也可以在学习中愉悦掌握新的知识点。

总之，如果想要让我们的课堂教学更有效，我们每位教师不仅要认真研究教育理论知识，还需要在教学实践中积极摸索，将理论知识与实践相结合，做到教与学的统一，真正做到授之以渔，教学相长。

校本研训：教师必备的专业技能①

　　大学毕业来到学校不到三年，我已经成了信息技术竞赛优秀教练。一次比赛，碰到了大学的同学，只有我是以教练的身份参加活动的，和同学交流之后，我一下子感到自己这几年在业务上是有很大的长进，我为自己在教学上的发展感到自豪，我的成长超过了一般人的想象，至少提前三年迈入了骨干教师行列，这个时候，我才感觉到当初选择这所学校是没有错的。

——一位新教师受访记录

　　学校历史备课组组织一次课例研修，授课内容是"太平天国运动"，我也参与了备课、磨课和研讨，当一名刚参加工作三年的新老师上完课后，发现学生参与度不高，教学目标达成度较低。备课组从多角度分析其得失及其原因，最后大家一致认为问题出在教学目标设定不聚焦。当时她设计的教学目标是：太平天国运动兴起的主要原因是什么？领导人是谁？太平天国运动的发展历程怎样？太平天国运动的纲领性文件是什么？结果如何？有何影响？这样的教学目标显然很分散、主题不明，把教学活动当作教学目标，行为、条件不清楚，程度不明确。在备课组共同努力修改后，该节课教学目标改为：1. 学生分析太平天国运动兴起的主要原因，5 分钟内绘出太平天国运动发展历程的路径图；2. 学生从太平天国发展历程中，10 分钟内综合分析太平天国失败的原因及其影响。这样修改后，教学目标聚焦、恰当、具体、可测。该老师第二天按照修改后的教学目标在另外一个班上课，不仅完成了教学任务，而且学生参与度高，目标达成度也高了，教学效果明显提高。

——历史备课组的一次课例研修侧记

---

　　① 本文是 2008 年 6 月我给教师做校本研训辅导讲座部分内容，原标题《做实校本研训，提升专业素养》。

上述老师的经历表明，在学校，老师的成长离不开常态化的校本研修。在校本研训中，教师需要必备多项专业技能。

一是教学设计能力。教学设计是教师开展教学活动的基石，它要求教师能够根据课程标准、学生实际和教学目标，科学合理地规划教学内容、方法、步骤及评价。在校本研训中，教师应掌握教学设计的基本原则和方法，包括学情分析、目标设定、内容组织、方法选择、资源准备、活动设计、评价反馈等，以确保教学活动的高效性和针对性。

二是多媒体应用能力。随着信息技术的发展，多媒体已成为现代教学不可或缺的工具。在校本研训中，教师应具备熟练操作多媒体设备、制作多媒体课件、整合网络资源等能力，以丰富教学手段，激发学生的学习兴趣，增强教学效果。同时，教师还需关注信息技术的发展趋势，不断学习和掌握新的多媒体应用技术。

三是课堂教学技巧能力。在校本研训中，教师应注重课堂教学技巧的培养，包括导入新课、讲授新知、提问互动、组织讨论、归纳总结等各个环节的技巧和方法。通过实践演练和观摩学习，教师可以不断提升课堂教学水平，使课堂更加生动有趣，学生更加积极主动。

四是沟通表达与倾听能力。良好的沟通表达与倾听能力是教师与学生建立良好关系、进行有效互动的基础。在校本研训中，教师应注重培养沟通表达技巧，包括语言表达的清晰性、逻辑性、感染力以及非语言交流的运用等。同时，教师还应学会倾听学生的意见和建议，关注学生的需求和感受，以建立更加和谐、民主、平等的师生关系。

五是问题解决与研究能力。在校本研训中，教师应掌握问题解决的基本方法和策略，如问题识别、信息收集、分析判断、决策执行等。同时，教师还应具备初步的教育研究能力，能够针对教学实践中的问题进行深入研究和分析，提出切实可行的解决方案。

六是创新思维与实践能力。在校本研训中，教师应注重培养创新思维和实践能力，敢于尝试新的教学方法和手段，勇于探索未知领域。通过不断实践和创新，教师可以丰富教学经验，提高专业素养，为学生的全面发展提供更加广阔的空间和平台。

七是批判性反思与学习能力。在校本研训中，教师应养成批判性反思的习惯，不断审视自己的教学实践和思想观念，发现问题并寻求改进。同时，教师还应保持终身学习的态度，不断学习新的教育理念和教学方法，更新自己的知识结构，以适应教育发展的需要。

实践是检验真理的唯一标准。在校本研训过程中，教师应积极将所学应用于教学实践，不断探索适合本校实际的教学方法和策略。同时，通过撰写教学反思日志、参与教学研讨活动等方式，对自己的教学实践进行深入剖析和反思，发现问题、解决问题，实现教学能力的提升。

成果展示是校本研训成效的直观体现。学校应定期组织成果展示活动，如教学公开课、教学设计比赛、科研成果汇报会等，为教师提供展示教学成果和科研成果的平台。这不仅能增强教师的成就感和自信心，还能激发其他教师的学习热情和参与动力。

评价是确保校本研训质量的重要环节。评价应坚持多元化原则，既包括专家评价、同行评价等外部评价，也包括教师自我评价、学生评价等内部评价。评价内容应涵盖教学态度、教学能力、科研成果、师德师风等多个方面。科学、全面的评价，能够准确反映教师的专业成长状况，为后续的研训活动提供有力支撑。

尊重差异：让每一个孩子都出彩

小雨是一个对色彩和线条异常敏感的孩子，但在学校的传统学科中，她的成绩并不突出，甚至有时会因为分心于画画而错过课堂重点。老师和家长一度对她的学习状态感到担忧。作为小雨的班主任老师，我注意到小雨对绘画的痴迷，便邀请学校的美术李老师对她进行评估。评估显示，小雨在艺术创作上有着非凡的天赋，学校为小雨搭建了艺术工作平台，让她有机会与志同道合的同学交流学习，还邀请知名艺术家来校进行个别指导。在保持基础学科学习的同时，李老师尝试将艺术与其他学科相结合，如通过历史画作讲解历史事件，用数学原理分析建筑设计的美学等，既激发了小雨的学习兴趣，也促进了她的全面发展。经过一年多的努力，小雨不仅在各类艺术比赛中屡获佳绩，还成为学校艺术社团的骨干成员，更重要的是，她的自信心和综合能力得到了显著提升，开始主动探索其他学科的学习乐趣。

小强是一个对电子产品充满好奇的孩子，他总爱拆解家里的遥控器、闹钟等物件，试图探究它们的内部结构和工作原理。然而，这种"破坏性"的行为却让家人头疼不已，认为他是不务正业。当时，作为班主任老师的我意识到孩子的兴趣所在后，开始主动为他购买科技类书籍和玩具，引导他将好奇心转化为学习的动力，并推荐他报名参加了当地的青少年科技创新中心，那里有专业的老师为小强提供电子电路等课程的系统培训。学校也为小强提供了展示自己才华的舞台，如科技节、航模比赛等活动，让小强有机会将所学知识应用于实践，解决实际问题。随着时间的推移，小强在科技领域取得了显著成就，不仅获得了多项省内外科技比赛的奖项，还受邀参加了一些科技论坛和展览。更重要的是，他学会了如何将创新思维和解决问题的能力应用于生活的方方面面，成了一个全面发展的优秀人才。

小婧、小怡和小佳三名学生，在初三学年因为厌学，学业成绩不好，多次想辍学，经过家访了解，她们家里经济富裕，跟着爷爷奶奶生活，父母对其关心较少。通过翻阅三名学生的档案，我发现她们的英语成绩都不错，于是我鼓励她们把英语学好，安排英语老师重点辅导她们，给她们树立学习信心，规划生涯，指明未来发展之路。初三毕业后，又推荐她们到国际高中就读，高中毕业后，三名学生分别被英国伯明翰大学、加拿大不列颠哥伦比亚大学和澳大利亚悉尼大学录取。

2007 年 9 月，有几个这样的孩子进入我所在的学校读小学一年级，每天不进教室，喜欢到操场上踢足球。开学不久，班主任老师向我反映，建议学校委婉劝说家长将孩子转回到离家近的公办学校就读。我和班主任老师对这几个孩子进行家访发现，孩子父母都在城里务工，无暇顾及孩子。其中一个孩子的父母说：老师，我的孩子不进教室不要紧，考多少分也无所谓，只要放在你们学校不出校门就可以。家长的期望值不高，我们也不好再劝说转学。有一天，一个体育老师发现，这几个孩子踢足球特别有天赋，于是带着他们在学校足球场开始学踢足球。两年后，这几个孩子踢足球进步很大。为了重点培养他们，学校花 10 万元从省队聘请了一名专职足球教练教他们，一年后，这名省队教练认为这几个孩子有很大足球潜力，建议学校把他们送到足球俱乐部去。经过多方考察，我为这些孩子选择了浙江杭州绿茵足球俱乐部，双学籍管理。2020 年全国青年足球比赛，这几个孩子作为杭州绿茵俱乐部主力球员参赛，最后夺得冠军。其中有一名孩子作为后备力量被选入国家队。

上述四个案例，可以深刻揭示尊重差异在教育中的重要性。每个孩子都是独一无二的个体，他们拥有不同的兴趣、能力和梦想。差异之美，是教育的灵魂。教育，本质上是促进个体成长与发展的过程。在这个过程中，尊重并理解每个孩子的独特性，是教育成功的关键。正如世界上没有两片完全相同的叶子，每个孩子也拥有其独特的性格、兴趣、能力和学习风格。因此，教育应当是一种基于个体差异的定制化服务，而非一刀切地批量生产。尊重差异，意味着要看见每一个孩子的闪光点，为他们提供最适合的成长土壤，让他们的才华得以展现，个性得以张扬。

尊重差异需要多把尺子去评价。传统的单一评价体系往往以考试成绩为唯一标准，忽视了学生的个体差异和多元发展。为了更全面地评价学生的能力和潜力，需要构建多元化的评价体系。这包括建立多元化的评价指标，如学习态度、创新能力、团队合作、实践能力等；采用多样化的评价方式，如自评、互评、师评、家长评等；以及注重过程性评价，关注学生的成长过程和学习进步。多元化的评价体系，可以更全面地了解每个学生的优点和不足，为他们提供更加精准和个性化的指导。

尊重差异不仅体现在外在的教学方式和环境上，更体现在对孩子内在动力的激发上。每个孩子都有自己的梦想和追求，渴望在自己感兴趣的领域里有所成就。作为教师，我们要善于发现和引导孩子的兴趣点，激发其内在动力，让他们主动去学习、去探索、去创造。同时，我们还要注重培养孩子的自主学习能力，让他们学会独立思考、解决问题和承担责任。这样的孩子不仅能够适应不断变化的世界，更能够在未来的生活中保持持续的学习和成长。

尊重差异需要因材施教，采取差异化教学，培养批判性思维。其一，要关注学生的个体差异，发现并利用他们的特长和潜能。其二，在课程设置、教学方法和评价标准等方面应充分考虑学生的差异性，激发学生的学习兴趣和动力，促进他们的全面发展。其三，可根据学生的不同学习需求和能力水平，通过个性化的教学计划和评估方式，为每个学生提供适合其发展的学习环境和资源，帮助他们在各自的领域内取得进步。其四，要培养学生的批判性思维能力，使他们能够独立思考、理性分析问题，鼓励学生对不同观点进行审视和比较，学会尊重差异并寻找共同点，形成包容性和建设性的思维方式。

尊重差异，让每一个孩子都出彩，这不仅是每个教师的责任和使命，更是教育的理想追求。在教育实践中，我们将会见证无数个孩子绽放出属于他们自己的独特光芒，为他们绘就一幅幅绚丽多彩的人生画卷。

善用时间：把时间的主动权还给学生①

刚参加工作不久，我上课喜欢拖堂，学校组织学生对老师上课情况进行问卷调查，其中大部分学生反馈，不喜欢我上课拖堂，理由就是课间只有 10 分钟，下课铃响了，老师拖堂 1 分钟，学生下课休息时间就只有 9 分钟了，学生们十分在乎课间宝贵的 10 分钟。此后，我一改往常拖堂习惯，下课铃声一响，我就宣布下课，学生给以雷鸣般掌声，学生对我课堂反馈满意率也提高了。

为什么学生会这么在乎课间 10 分钟呢？我曾经百思不解，之后慢慢明白了其中缘由。一个老师不能主宰一切时间，把学生安排得满满的，教育会适得其反；把时间主动权还给学生，教育会事半功倍。

一个人来到世间，最大的资本是什么？就是自己的生命，而生命又是以时间来计算的。时间是世界上最充分也是最平等的资源，每个人每一天都拥有 24 小时，然而时间又是世界上最稀缺的资源，每个人的时间，和在这世上所花的每分每秒，都是自己最有价值的资本，然而这些时间无法重来也无可替代！

善用时间，就是善用自己的生命。鲁迅先生说："时间就是生命。无端地空耗别人的时间，其实无异于谋财害命。"美国著名科学家富兰克林曾经说过："你热爱生命吗？那么你就别浪费时间，因为时间是组成生命的材料。"诚然，一个人生命的价值在于他为社会创造的价值，但这种价值却是随时间的延续而实现的。大诗人歌德说："时间是我的财产，我的田地。"

鲁迅十三岁时，他的祖父因科场案被逮捕入狱，父亲长期患病，家里越来越穷，他经常到当铺卖掉家里值钱的东西，然后再在药店给父亲买药。有一次，

---

① 注：本文是 2009 年 9 月，在学校德育管理工作经验交流会上的讲话稿，后来编入著作《好校长是这样炼成的》，内容略有修改。参见王中华，刘文章. 好校长是这样炼成的 [M]. 长沙：湖南师范大学出版社，2011：209 – 212.

父亲病重，鲁迅一大早就去当铺和药店，回来时老师已经开始上课了。老师看到他迟到了，就生气地说："十几岁的学生，还睡懒觉，上课迟到。下次再迟到就别来了。"鲁迅听了，点点头，没有为自己作任何辩解，低着头默默回到自己的座位上。第二天，他早早来到学校，在书桌右上角用刀刻了一个"早"字，心里暗暗地许下诺言：以后一定要早起，不能再迟到了。

以后的日子里，父亲的病更重了，鲁迅更频繁地到当铺去卖东西，然后到药店去买药，家里很多活都落在了鲁迅的肩上。他每天天不亮就早早起床，料理好家里的事情，然后再到当铺和药店，之后又急急忙忙地跑到私塾去上课。虽然家里的负担很重，可是他再也没有迟到过。刻着"早"字的课桌，一直激励着鲁迅在人生的路上继续前进。

不少人士呼吁："把时间还给孩子。"现在，有不少学校将学生的时间安排得满满的，学生还有什么自主学习的时间？有些老师说，我的课没有布置课外作业。问题是时间全部都让你给占满了，哪还有课外时间？学生完成学校安排的功课就要上床睡觉了，还有自主学习的时间吗？

教师上课，不停地说教，学生没有思考的时间余地，也没有自主学习的时间。这无疑是在霸占学生的时间。时间是学生成长必要的唯一不可逆转的资源。课后，还要布置大量的作业。过量的作业，无论是课内还是课外，不仅会影响教学质量的提高，还扼杀学生的创造性思维。适量的作业是巩固学生对当天所学内容的消化和吸收所不可缺少的，但过量的作业是以牺牲学生更多的休息时间、体育运动时间和学习其他知识的时间为代价的，没有时间来独立思考问题，也没有精力去探索新知。

所以，课堂上"教师讲、学生听"是霸占学生时间，课后过量的作业同样是霸占学生的时间。如果我们这么做了，无异于打劫，就是劫匪。霸占时间猛于劫匪。

《今日教育》周刊有一封来信，是一位初中生的自述："中秋节放假了，本以为可以好好休息3天，哪知学校只给我们放假1天。看到大人们能够享受国家规定的放假时间，我好羡慕，真想快快长大或是重新回到幼儿时代。我现在每天晚上最早12时睡觉，早上6时起床，中午就在学校课桌上打个盹。即使这样，我在班里还算是睡觉睡得多的呢！因此，经常有负罪感……老师在讲台上讲课，很多同学在下面昏昏欲睡。晚上睡得少了，白天上课就很困，有时课堂上就睡着了。学校一直提倡我们多锻炼，说锻炼身体可以学得更好，可是我觉得没有良好的睡眠，锻炼也没精神，更别说有精力去好好学习了……"

《今日教育》周刊记者调查采访得知，熬夜现象在小学、初中和高中生中普遍存在。"学生熬夜已成了一种习惯。"许多同学都说，如今不熬夜反倒很少见了。

有一位小学一年级的学生，突然问妈妈，说："妈妈，你们上班累还是上学累？我想上班。"是的，上学确实比上班累多了，难怪孩子想提前上班了。

我曾在的学校就做得比较好。不管春夏秋冬学校作息时间如何变化，但学校规定小学生必须安排不少于 10 个小时睡眠、4 个小时自由活动时间；中学生必须安排不少于 9 个小时睡眠、3 个小时的自由活动时间，每天不少于 1 个小时体育锻炼时间，真正把学生休息、活动的时间主动权还给了学生。

时间主动权，简而言之，就是让学生根据兴趣、需求和能力，自主安排和管理自己的学习时间、学习内容和学习方式。这不仅仅是对学生学习自由度的提升，更是对学生主体地位的尊重和对教育本质的回归。在传统教育模式下，学生的学习时间和内容往往被严格规定，这种"一刀切"的做法忽视了学生之间的差异性，限制了他们的个性化发展。而把时间主动权还给学生，则意味着为学生提供更多的选择权和自主权，让他们能够根据自己的节奏和方式去探索知识、发展能力，从而实现自我成长和价值实现。

把时间主动权还给学生，首先需要构建一个开放、包容的学习环境。这个环境应该鼓励学生表达自己的想法和观点，尊重他们的选择和决定，并提供多样化的学习资源和工具。同时，学校和教育者也应该放下传统的教师权威的教育理念，与学生建立平等、互动的关系，共同探索学习的乐趣和价值。

把时间主动权还给学生，建立科学的评价机制至关重要。这个评价机制应该关注学生的全面发展而不仅仅是学业成绩；应该注重过程评价而不仅仅是结果评价；应该鼓励学生自我反思和自我评价而不仅仅是依赖外部评价。通过科学的评价机制，我们可以更加全面地了解学生的学习情况和成长需求，从而为他们提供更加精准的支持和帮助。

宽容错误：没有不犯错的孩子[①]

　　刚毕业分配到学校任教的时候，我遵循"严师出高徒"的古训，勤到岗，勤谈话，勤落实，早出晚归，制定班规班纪，细化到上课讲话扣几分，不交作业扣几分，不扫地扣几分……把学生当成了评定教学成绩的机器，完全不顾他们作为孩子的天性、人的尊严。校长曾语重心长地对我说："小刘，不要急，孩子就是孩子，要让他们玩一下的，要让他们在纠错中成长啊。"可我想："教不严，师之惰，玩是不行的。"一段时间后，我与学生的对立情绪达到白热化，总是一说什么都有学生对着干，只有大发脾气，大拍讲台，甚至一打了之。劲是使了，没有好效果。后来，我渐渐明白对于未成年的孩子，无论什么时候都不能拿孩子跟成年人比，小孩子也是有性格，有思想的，对他们一定要"有话好好说"，学生都是发展中的人。

　　有一个人称"校老大"的孩子王毅，他经常欺负小同学，上课不认真，还经常扰乱课堂，同学们敢怒不敢言，老师的帮助效果甚微，不少老师要求开除这个孩子。听到老师和同学们的反映后，我主动向校长请缨，由我来做王毅的成长导师。我首先观察王毅的优点，发现他喜欢跳街舞，于是，学校举行元旦文艺汇演前，我向校长申请，以王毅为首组织一个节目，本来一个班只有一个节目上台表演，但校长同意王毅的节目不占班级指标。果真那次街舞节目表演很出色，还获得一等奖，慢慢地老师们发现王毅开始认真听课了，同学反映他也不经常打人了，还顺利考上了高中。如果没有足够的耐心允许孩子在纠错中成长，寻找合适的机会让王毅的潜能优势充分地展示，一门心思去找他的茬子，

---

　　① 注：本文是2010年9月，在学校德育管理工作经验交流会上的讲话稿，后来编入著作《好校长是这样炼成的》，内容略有修改。参见王中华，刘文章. 好校长是这样炼成的 [M]. 长沙：湖南师范大学出版社，2011：138 – 139.

不断地打击他的自信心，我想谁也不能改变这个孩子的命运的。

"人非圣贤，孰能无过。"世上没有哪个人是十全十美的，谁都会有这样那样的缺点，会犯这样那样的错误。对于天真活泼的小孩子来说，则更是如此了。在心理学上，犯错被视为个体认知发展与行为塑造的重要环节。孩子通过尝试、犯错、反思、调整这一系列过程，逐步习得社会行为准则，并构建起自我认知体系。每一次跌倒，都是他们学习如何站得更稳的机会；每一次错误的选择，都促使他们更深刻地理解何为正确。正如爱迪生发明电灯前经历了上千次的失败，每一次失败都向成功迈进一步。

没有不犯错误的人，何况是一些不懂事的孩子呢！他们犯的许多错误是学生在成长过程中的正常现象，是必然的，我们一定要相信：每个孩子都是好孩子，没有谁是坏孩子。

错误是孩子成长的礼物。我们要认识到，成长是试错的过程，每一次错误都是他们探索未知、挑战自我的宝贵尝试。当孩子犯错时，我们不应急于指责或惩罚，指责只会产生对抗，而应给予他们足够的空间和时间，让他们从错误中吸取教训，自我成长。

面对错误，要教会和引导孩子反思错误。我们可以通过提问的方式，引导孩子思考错误发生的原因、后果以及未来如何避免类似的错误。这种基于问题的学习方式，不仅能帮助孩子深刻理解错误的本质，还能培养他们的批判性思维和解决问题的能力。同时，老师的耐心倾听和积极反馈，也能让孩子感受到被尊重和支持，从而更加愿意主动学习和改正错误。

面对错误，要鼓励与赞美，正向激励。在孩子勇于承认错误并努力改正时，及时的鼓励和赞美是不可或缺的。正向激励能够激发孩子的内在动力，让他们体验到成功的喜悦和自我价值的实现。我们可以表扬孩子的努力、勇气和诚实的态度，而不仅仅是关注结果。这样，孩子就会更加自信地面对未来的挑战，勇于尝试，不怕犯错。

没有不犯错的孩子，这是成长的必然规律。面对孩子的错误，教育者应以理解与接纳为基石，引导与反思为桥梁，鼓励与赞美为动力，共同构建支持孩子健康成长的教育环境。在这个过程中，我们要相信每一个孩子都有无限的潜能和可能性，只要给予他们足够的爱、耐心和智慧引导，他们就能在错误中成长，在挑战中绽放光彩。

教育之尺：惩戒的艺术与体罚的界限①

曾经有一个教体育的同事王老师，上体育课的时候，老师安排学生跑操一圈（300 米），小明不认真跑，王老师下课后对小明进行教育，并亲自陪他补跑完一圈。小明回家后，哭着向爸爸诉说，体育课上老师罚他跑操，侵占了他的课间 10 分钟，还说是体育老师特意体罚他，让他很郁闷……

还有一位教物理的同事李老师，上课大声责骂讲小话、不认真听讲的小熊同学，师生语言冲突升级，李老师情绪失控，用手锁住小熊的喉咙，顶在教室后墙上，小熊一下子脸色苍白，好在班长提醒李老师，李老师随即松开了手，否则将会酿成不可估量的后果。小熊喉咙上有一个重重的手印，家长知情后，找到校长，要求对李老师体罚学生事件进行处理。

王老师和李老师的行为是否都是体罚学生呢？仔细分析可知：王老师的行为属于对小明的教育惩戒行为，而李老师的行为属于对小熊的教育体罚行为。

教师作为引路人，手持一把无形的"尺子"，衡量着学生的成长，引导着他们走向知识与品德的殿堂。这把尺子，既是对学生行为的规范，也是教师教育理念与实践的体现。其中，惩罚作为教育手段之一，其目的在于纠正学生的不当行为，促进其自我反思与成长。然而，惩戒与体罚之间，横亘着一条不可逾越的红线，教育可以有惩戒但不能有体罚。

教育惩戒并非出于恶意或报复，而是基于对学生成长负责任的态度。在复杂多变的社会环境中，学生难免会犯错或偏离正轨。适度的惩戒能够帮助学生认识到自己的错误，理解行为的后果，从而培养责任感与自我约束能力。正如树木需要修剪才能茁壮成长，学生在成长的道路上也需要适时的引导与纠正。

---

① 2002 年 10 月，浏河时评论坛讨论"教师体罚学生"这一主题，我参与讨论并发表了《教育不能没有惩罚》一文，后被《浏阳日报》选登，内容略有删改。

教育惩戒需要把握几个原则。一是教育性，即惩罚的目的是教育学生，而非伤害或羞辱。二是适度性，即惩戒应当与错误的性质、严重程度相匹配，避免过度或不足。三是公正性，惩戒应一视同仁，不偏袒任何一方，确保公平性。四是尊重性，在惩戒过程中，应尊重学生的人格与尊严，避免使用侮辱性语言或行为。

小旭经常因赖床而迟到。我没有直接批评或体罚，而是给小旭布置了一个"特别任务"：每天早上提前到校，帮助值日生打扫教室。起初，小旭有些不情愿，但随着时间的推移，他逐渐体会到了劳动的乐趣和责任感，迟到现象也大大减少。这种方式，既惩戒了小旭，又培养了他的责任感和自律性，体现了教育惩戒的艺术。

小张是初中二年级的学生，因沉迷于网络游戏而经常不交作业。我没有简单地惩戒他抄写课文或站墙角，而是安排了一位学习优秀的学生做他的"学习伙伴"，每天放学后一起完成作业并讨论学习问题。在"学习伙伴"的帮助下，小张逐渐克服了拖延症，成绩也有了显著提升。这一做法体现了以正面激励代替简单惩戒的教育智慧。

体罚是指通过身体接触或施加痛苦的方式对学生进行惩罚，如打手心、罚站等。尽管国家对于体罚已明令禁止，但在一些地区学校，体罚现象仍时有发生。老师体罚学生会给学生带来严重的心理阴影，如恐惧、自卑、叛逆等，影响其性格发展和心理健康；直接的身体接触可能导致学生受伤，甚至引发严重的健康问题。

面对体罚的危害，教师应深刻反思并积极探索更加科学、有效的教育方法。首先，要树立以人为本的教育理念，尊重学生的个体差异和成长规律；其次，要加强师德师风建设，提高教师的专业素养和教育艺术；最后，要自觉遵守教育部制定的《中小学教育惩戒规则（试行）》（2021年3月1日），严格执行惩戒的范围、程度和程序，确保惩戒的合法性和有效性。

教育惩戒作为教育手段之一，其本质是促进学生的成长与发展。然而，教育惩戒不等于教育体罚，我们应坚守教育的底线与原则，用爱与智慧去点亮学生心中的明灯。正如那温暖的阳光，既不灼伤也不冷漠，恰到好处地滋养着每一株幼苗的成长。以极大的耐心、智慧和爱心去耕耘，方能用好教育之尺。

多把尺子：挖掘孩子的潜能①

　　教育的本质是成就，而成就的载体是教师手中的那把"尺子"。如何用好这把尺子，直接关系到学生的潜能挖掘与个性发展。美国哈佛大学心理学家加德纳指出，每个人至少有七种智能，包括语言智能、数理逻辑智能、音乐智能、空间智能、身体运动智能、人际交往智能和自我认识智能等。由于自身条件、环境及教育的影响，每个人在这些智能上表现出不同的优势与劣势。因此，教师应用慧眼去发现他们的优势，并通过多样化的评价方法激励他们发展潜能。

　　我们常遇到各式各样的学生，他们或聪明伶俐却行为散漫，或默默无闻却擅长动手实践。如何根据学生的不同特点，因材施教，激发他们的潜能，是需要面对和解决的问题。

　　小 C 是初一新生中的一位特殊学生，他行为随意，课堂从不听讲，作业潦草应付，让各科老师伤透了脑筋，与同学相处得也不融洽。然而，我并没有放弃他，因为我相信每个学生的行为都有其原因。通过课堂上的重点观察和多次谈心，我逐渐了解到小 C 的家庭背景和内心世界。

　　小 C 的家庭条件良好，父母开个小商店，由于工作繁忙，很少有时间陪伴他，对他的学习几乎不闻不问。然而，他们并非不关心孩子，为了让孩子上学方便，还在学校附近租房。这些信息让我意识到，小 C 的叛逆和散漫可能源于内心缺乏关爱和关注。

　　在翻阅小 C 的学习履历后，我发现他在动手操作、实践探究方面具有较大优势。每当生物课堂上有演示实验或实验课时，他都异常兴奋，并多次主动举手回答问题或上台协助完成实验，每次都完成得非常出色。这一发现让我看到

---

　　① 本文是 1992 年 8 月，我在全乡班主任工作经验交流会上的发言稿，原标题《用心用情对待每一个有个性的孩子》，内容略有删减。

了他潜在的能力。

基于小 C 的优势智能，我改进了自己的课堂教学方法，争取在每一节课上加入一些实践体验环节，以角色扮演或学习小组探究等不同形式展开，让学生更多地参与体验。在这个过程中，我发现不仅小 C 的积极性提高了，全班同学的积极性也比以前更高了。

为了进一步鼓励小 C 发展个人创造性和个性潜能，我指导他进行政治小论文写作。小 C 对小论文写作很感兴趣，我们共同确定了研究方向和主题。在一次次的讨论中，他逐渐确立了研究思路和方法，并最终完成了一篇优秀的政治小论文。

通过这一系列的努力，小 C 发生了翻天覆地的变化。他不仅在政治课上表现出色，还主动参与到班级的各项活动中，与同学们的关系也得到了改善。更重要的是，他找到了自己的兴趣和目标，对未来充满了信心。这个案例让我深刻体会到，只要教师多一把衡量的尺子，就能多发现并挖掘一个学生的潜能。

小雷是另一个让我印象深刻的学生。在同学眼中，他是个怪异的人，总是玩一些与"脏东西"有关的事儿，比如翻开草坪找蚯蚓、摘来树叶养毛毛虫等。这些行为让他成了同学们眼中的"异类"。然而，我并没有因此而放弃他，反而发现了他独特的才能。

小雷对昆虫有着浓厚的兴趣，他能够准确地识别各种昆虫，并熟知它们的习性和生长过程。这让我意识到他可能是一个有潜力的科学观察者。

为了充分发挥小雷的特长，我联系了负责科学实验的老师，并推荐他加入学校的"未来实验室"。在实验室里，他有了更多的机会和条件去观察和研究昆虫。他展示了自己画的七星瓢虫，并详细介绍了七星瓢虫的习性、生长过程和养殖方法。这些活动让他逐渐成了同学们眼中的"明星"。

小雷的科学观察记录本在上级部门举行的大赛中获得了大奖，小雷还在科技节上展出了他的"昆虫记——特殊的家伙"系列画作。这些成果不仅让他收获了自信和成就感，还激励他更加努力地学习和研究。

在班级管理中，我也充分发挥了小雷的特长。我让他担任班级活动的"策划师"，负责策划和组织与昆虫相关的活动。这些活动不仅丰富了同学们的课余生活，还让小雷的特长得到了充分的发挥和认可。

通过这一系列的努力，小雷不仅在科学方面取得了显著的进步，还在人际交往和自信心方面得到了提升。这个案例让我深刻认识到，每个学生都有自己独特的才能和兴趣点，只要我们用心去发现和挖掘，就能激发他们的潜能并帮助他们实现自我价值。

小雷在生物学和自然科学领域的深入探索，不仅让他的学业成绩显著提升，更重要的是，他学会了如何系统化地进行科学研究，培养了严谨的科学态度和独立思考的能力。他的成果不仅在学校内受到认可，还在更广阔的平台上展示，为他的未来发展奠定了坚实的基础。

随着小雷在科学领域的成就逐渐显现，同学们开始对他刮目相看，他的社交圈也随之扩大。从过去的"异类"到如今的"明星"，小雷学会了如何自信地与他人交流，分享自己的兴趣和见解，他的团队合作能力也得到了提升。

经过一系列的成功体验，小雷的自信心得到了极大的增强。他不再害怕展示自己，而是勇于接受挑战，追求卓越。这种自信心的建立，将对他未来的学习和生活产生深远的影响。

苏霍姆林斯基说过："教师无意间的一句话，可能造就一个天才，也可能毁灭一个天才。"教师应该更多地激励学生，点燃学生思维的火花，而不应一味地用所谓的"标准答案"去压抑学生、打击学生。一是多元评价的重要性。传统的单一评价体系往往无法全面反映学生的真实能力和潜力。通过多一把尺子，即从多个维度、多个角度去评价学生，教师可以更准确地发现学生的闪光点，进而为他们提供个性化的指导和支持。二是因材施教的必要性。每个学生有着不同的兴趣、爱好和特长。作为教师，应该尊重学生的个性差异，因材施教，为他们量身定制合适的学习和发展路径，只有这样，才能真正实现教育的公平和有效。三是培养兴趣与激发潜能。兴趣是最好的老师。当学生对某个领域产生浓厚兴趣时，他们会主动投入时间和精力去探索和学习。因此，教师应该注重培养学生的兴趣爱好，激发他们的学习动力和潜能。四是家校合作的力量。在小 C 和小雷的转变过程中，家校合作发挥了不可或缺的作用。家长的理解和支持为教师提供了更大的空间和动力去实施个性化的教育方案；同时，教师的专业指导和关怀也让家长更加信任和支持学校的教育工作。

"多一把衡量学生的尺子，就多一批好学生。"我们应该清楚这样一个道理：条条大路通罗马。学生成才的路千万条，社会也需要各种各样的人才，我们不能仅以考分论英雄，也不可能在学校设计孩子的未来，因此老师要以博大的胸怀，真诚地面对自己的学生，坚信每个孩子都能成功。当然，这种成功是有层次的，是有个体差异的。

布鲁纳说过："只要提供适当的条件，几乎所有人都能学会一个人在世界上所能学会的东西。"陶行知说过："你的皮鞭下有瓦特，你的冷眼里有牛顿，你的讥笑里有爱迪生。"这些话明确告诉我们，任何"丑小鸭"在不久的将来都有可能变成"白天鹅"，这就需要老师用一双智慧的眼睛去关注、去呵护每一个学生，用多把尺子去测量评价他们，采用更好的教育措施，让他们能够最大限度地发挥潜能，走向成功。

第七辑　心高为师，保持一颗平常心

情绪倦怠：教师情绪晴雨表①

　　教师的情绪状态对教学效果和学生的发展有着重要的影响。情绪倦怠作为一种常见的职业倦怠现象，影响着教师的心理健康和职业生涯，但其往往被忽视，对教育质量的提升形成了挑战。

　　情绪倦怠可以理解为教师在长时间的工作压力下，情绪逐渐消耗、疲惫，甚至对教学失去热情的状态。这种状态不仅影响教师自身的幸福感，还可能影响学生的学习体验和发展。

　　教师在教学过程中经历的情绪种类繁多且变化频繁。从教学准备到课堂实施，再到与学生和同事的互动，教师的情绪状态可能瞬息万变。

　　教师的情绪可以分为积极情绪和消极情绪。积极情绪如兴奋、满足和成就感，通常出现在成功教学、学生进步或与同事合作顺利时。相反，消极情绪如焦虑、疲惫和沮丧，可能源于教学心理压力、工作负荷过重或学生的行为问题等。

　　例如，一位教师在课堂上看到学生们积极参与、互相合作时，会感受到成就感和快乐；而当面临繁重的教学任务、家长的高期望或学生的不配合时，可能会感到焦虑和挫败。

　　教师的情绪状态常常受到多种因素的影响，因此情绪变化频繁、无常。课堂环境的动态性、学生的表现以及与同事的互动都可能在短时间内影响教师的情绪。这种情绪的快速变化要求教师具备良好的情绪调节能力，以应对日常教学中的挑战。

　　教师的情绪状态直接影响教学质量和学生的学习体验。教师情绪的变化不

---

　　①　本文是2013年教师节我写给教师的建议，原标题《乐观进取，保持平常心态》，内容略有删减。

仅影响课堂氛围，还会影响学生的情感反应和学习动机。

研究表明，教师的积极情绪往往与良好的教学质量相关。积极情绪能够增强教师的创造力、应变能力和课堂管理能力，使其更能吸引学生的注意力并促进他们的学习。当教师充满热情和活力时，学生也更容易被感染，表现出更高的学习积极性和参与度。反之，教师的消极情绪可能导致课堂氛围的紧张，影响学生的学习体验。教师如果在课堂上表现出疲惫或焦虑，可能会使学生感到不安，从而抑制他们的学习兴趣。例如，一位教师在面对学生的挑战时，表现出情绪失控，可能会导致学生产生恐惧，从而影响他们的参与度。

学生对教师情绪的感知十分敏锐，教师的情绪变化往往会影响学生的情感反应和学习态度。研究发现，学生能够通过非语言交流（如面部表情、肢体语言）感知教师的情绪状态。教师的积极情绪能够激励学生，而消极情绪则可能导致学生的厌学情绪。例如，当教师在课堂上表现出热情与关心时，学生会感到被重视，从而增强他们的归属感和学习动力；而当教师情绪低落时，学生可能会感到课堂氛围沉闷，进而影响他们的学习兴趣。

随着教育改革和课程标准的提高，教师的工作负担显著增大。除了日常教学，教师还需参与课外活动、课后服务、备课、批改作业以及与家长沟通等。这些任务不仅增加了教师的工作量，还使得教师在时间管理和精力分配上面临更大挑战。例如，教师可能在一天内要进行多节课的备课，还要抽出时间来参加会议或培训。这种高强度的工作模式，容易使教师感到疲惫和压力，进而导致情绪倦怠。

当前，教师在学校中承担着多重角色，包括教育者、辅导者、管理者和心理支持者等。这种角色的多重性常常导致教师的焦虑和不知所措。例如，教师在课堂上需要教授知识，但同时也需要关注学生的情感需求和行为管理。在这种情况下，教师可能会面临角色冲突，导致情绪的波动和倦怠的产生。

此外，教师的情绪倦怠还与学生的个体差异和期望有关。教师需要不断调整教学策略以适应不同学生的需求，这无疑增加了他们的心理负担。

每个学生的学习风格、能力和情感需求都不同，教师需要针对每个学生进行个性化的关注与支持。这种个体差异使教师面临更大的挑战，尤其是在班级人数较多的情况下，教师可能难以满足所有学生的需求。例如，在一个班级中，有的学生对某个知识点理解得较快，而另一些学生可能需要更多的时间和支持。教师在课堂上必须时刻关注每个学生的表现，这就可能引发情绪倦怠。

有时候，一些学生对教师的期望往往较高，教师需要承担起教育、引导和支持的重任。当教师无法满足学生的期望时，可能会感到挫败与焦虑。例如，学生期望教师能够提供即时的反馈和支持，而教师可能因为工作负担重而无法做到，这种失落感可能加剧教师的情绪倦怠。

学校的整体环境和支持系统也会对教师的情绪状态产生影响。一个积极、支持的学校文化能够帮助教师缓解压力，而相对消极的环境可能加重教师的情绪倦怠。

良好的学校文化和团队氛围能够促进教师之间的交流与合作，降低情绪倦怠的风险。例如，学校定期举行教研活动，提供教师之间互相交流和反馈的机会，这不仅增强了团队凝聚力，也帮助教师更好地应对工作中的压力。

教师在日常工作中常常需要与同事合作，互相支持。缺乏合作和沟通的环境可能会导致教师感到孤立和无助，进一步加重情绪倦怠。例如，如果教师在教学中遇到困难，得不到同事的帮助和支持，可能会感到焦虑和无助，最终导致倦怠。

因此，情绪倦怠的识别与应对是提升教师职业幸福感和教学效果的关键。教师应学会自我反思，了解情绪变化的迹象，并采取积极的应对策略，以保持自己的情绪健康。

有效识别情绪倦怠是教师采取应对措施的第一步。教师可以通过自我反思和同事反馈来了解自身的情绪状态。

教师可以通过定期自我反思，记录自己的情绪变化和影响因素。情绪日志是一种有效的方法，教师可以每天花几分钟时间记录自己的情绪状态、引发情绪变化的事件以及对工作的感受。例如，教师可以记录在特定教学活动后是否感到疲惫或满足，这有助于识别出哪些情况可能导致情绪倦怠。

此外，教师还可以设定定期的自我检查时间，例如每周或每月评估自己的情绪状况。通过这些反思，教师能够更加清晰地认识到自己的情绪变化及其原因，从而及时调整应对策略。

与同事之间的互动和反馈也是识别情绪倦怠的重要途径。教师可以主动征求同事的意见，了解自己在教学中的表现和情绪状态。例如，在教研活动中，教师可以分享自己的教学经验和情感困扰，借此获得同伴的支持与建议。定期的团队会议和讨论，有助于教师了解彼此的情绪状态，促进共同成长。

识别情绪倦怠后，教师需要采取有效的应对策略来调节情绪，提升自我效能感和教学质量。

教师应学会自我调节情绪，采取积极的情绪管理策略。首先，深呼吸、冥想和放松练习等方法能够帮助教师减轻压力和焦虑，恢复内心的平静。每天花几分钟进行深呼吸练习，能够有效缓解紧张情绪，为接下来的教学活动做好准备。

其次，教师还可以通过合理安排工作和生活，避免过度疲劳。例如，制订合理的工作计划，设定每周的工作目标，并进行适当休息和娱乐，保持身心健康。

教师不应独自面对情绪挑战，建立良好的支持系统至关重要。与同事、家人和朋友保持良好的沟通，分享情感和困惑，可以获得支持和理解。此外，教师也可以寻求专业的心理咨询和辅导，以获得专业的帮助和指导。

在学校内部，教师之间的互助小组可以有效提供支持。通过定期的交流和分享，教师能够获得更多的建议和解决方案，减轻孤立感和无助感。

积极的课堂氛围不仅能提高学生的学习兴趣，也有助于教师的情绪管理。教师可以通过多样化的教学方法和活动来活跃课堂气氛，如利用小组讨论、角色扮演和情境模拟等方式，增强学生的参与度和互动性，使课堂变得更加生动。

通过与学生建立良好的关系，教师能够感受到来自学生的支持和鼓励，这有助于减轻工作压力、缓解情绪倦怠。当教师看到学生积极投入并取得进步时，往往会感到欣慰和满足，从而提升情绪状态。

积极的学校文化是支持教师情绪健康的重要基础。学校领导和管理层应努力营造一个开放、包容和支持的环境，让教师感受到价值认同和归属感。

学校领导在推动积极文化方面发挥着关键作用。领导者应关注教师的心理健康，定期与教师进行交流，了解他们的需求与困扰。通过建立开放的沟通渠道，领导者可以向教师提供支持和鼓励，增强教师的信心和归属感。例如，定期组织教师座谈会，让教师分享自己的教学经验和工作困扰，帮助他们感受到集体的支持。在学校政策和决策过程中，确保教师的声音被听到，让教师参与到学校的发展中，增强他们的参与感。

促进教师之间的相互支持和合作是建立积极学校文化的重要组成部分。学校可以通过团队建设活动、教研活动和合作教学等，鼓励教师之间的交流与协作。例如，定期组织跨学科的教研活动，促进教师之间的经验分享和专业学习；建立教师互助小组，促进教师互相支持、互相学习，共同面对教学中的挑战。这种相互支持的氛围不仅能提高教师的专业能力，也能增强团队凝聚力，缓解情绪倦怠。

教师的职业发展与心理健康培训是提升教师情绪健康的重要措施。通过定期的培训和心理辅导，教师能够不断更新知识，增强抗压的能力。

学校应定期提供教师培训和专业发展活动，以提升教师的教学技能和情绪管理能力。培训内容可以包括课堂管理技巧、情绪调节方法、压力管理等，以帮助教师应对工作中的挑战。例如，邀请心理专家为教师举办关于情绪管理的工作坊，教授有效的情绪调节技巧和压力应对策略。通过参与这些活动，教师能够学习到新的知识和方法，提升自我调节能力，进而改善情绪状态。

学校应重视教师的心理健康，建立相关支持系统，帮助教师预防职业倦怠。可以设立心理咨询热线或咨询室，为教师提供心理支持和辅导。同时，学校可以定期开展心理健康活动，如放松训练、团队建设活动等，帮助教师释放压力、调整心态。通过这些活动，教师能够放松身心，增强团队凝聚力，提升情绪健康。

教师难免存在情绪倦怠，面对倦怠，要仔细分析倦怠的原因，寻求积极的解决方法，在工作中始终保持积极的情绪状态，以饱满的工作热情迎接每一天的挑战。

冲动魔鬼：一次师生冲突失控的反思①

　　教师在面对学生时，情绪的波动和冲突的发生往往是不可避免的。在我的教学经历中，就曾发生过一次冲动引发的师生冲突，给我带来了深刻的反思。

　　这次冲突发生在一个周三下午，当天的课堂气氛起初较为活跃，学生们对新知识表现出了一定的兴趣。然而，随着课程的深入，课堂纪律逐渐松散，部分学生开始窃窃私语，甚至有人在讨论课外话题。在尝试多次提醒后，课堂秩序逐渐失控。面对一些学生的不听话，我的怒气不断积压。特别是一位平时成绩优异但今天表现得较为随意的学生，让我感到十分失望和愤怒。当我再次要求安静时，这位学生不仅没有停止，反而以不屑的语气回应，这让我的不满情绪彻底爆发。

　　在面对学生的反应时，我的情绪失去了控制。作为教师，我应该以身作则，展现出冷静和理智，但那一刻，我却无法自控。我提高了声音，质问这位学生为何不尊重课堂，并指责他的行为对其他同学造成了干扰。这种反应不仅是对他行为的不满，也是我自身情绪的宣泄。与此同时，这位学生的情绪也被激发。他显然感到受到了指责，开始反击我的话，称我对他不公。这种情绪的对抗让课堂气氛更加紧张，其他学生也受到影响，纷纷选择沉默，课堂氛围变得紧张而压抑。

　　事后，我意识到这次冲突不仅影响了课堂氛围，也对我与学生之间的关系造成了负面影响。冲突的根源在于我对情绪的管理不当，以及在沟通中缺乏耐心和理解。在这一过程中，我意识到冲突的根源不仅在于课堂管理的失控，更在于我对情绪的管理缺乏反思。情绪的激发和冲突的升级使我陷入了一个恶性

---

　　① 本文是 2003 年 3 月我在课堂上与一名学生发生冲突后的反思，原标题《管住情绪，别让自己在课堂上失态》，内容略有删减。

循环，既无法有效管理课堂，也无法理解学生的真实感受。

冲突的发生不仅是情绪的瞬间反应，更是多个因素交织的结果。在课堂上，最初的紧张气氛在我的提醒和学生的反应之间不断循环，导致了冲突的升级。冲突的升级首先源于我对课堂管理的焦虑。随着学生的不断喧哗，我的焦虑感加剧，导致了对他们行为的不满。尽管我尝试用温和的语气进行引导，但当发现无效时，内心的不安让我转向了激烈的方式。此外，这位学生的态度也加剧了冲突。作为平时成绩较好的学生，他的轻蔑回应让我感到失望。他的态度让我产生了被挑衅的感觉，从而使我在情绪上采取了更为激烈的反应。

在冲突升级的过程中，我和这位学生之间形成了一个恶性循环。我的情绪逐渐恶化，导致更强烈的指责，而他则回应以反抗和挑衅。此时，课堂上其他学生也受到了影响，部分同学开始侧目而视，有的甚至低下头来，似乎在回避这场冲突。

随着争论的升级，课堂上的气氛变得愈发紧张。原本活跃的课堂讨论被打断，学习的氛围被完全搅乱。我的情绪反应不仅没有改善情况，反而让冲突向不可控的方向发展。

冲突的失控不仅影响了师生关系，还对整个教学环境造成了负面影响。课堂原本是一个学习和交流的空间，而此刻却变成了一场情绪的对抗。许多学生在目睹了这一幕后，表现出不愿意参与的态度，课堂的活力和参与度受到严重影响。

这次师生冲突让我深刻反思了自己的情绪管理和沟通方式，认识到了情绪在教学中的重要性。

首先，作为一名教师，应该具备良好的自我调节能力，以应对教学中的压力和挑战。然而，在面对学生的挑衅时，我的情绪反应过于激烈，未能保持冷静。情绪失控的瞬间，我没有采取有效的调节措施，导致了事态的升级。回想起来，在课堂开始时，我对学生的行为就有预感，但我没有及时采取措施进行干预，反而在情绪积累到一定程度后反应激烈。这一过程的自我调节失误让我意识到，在教学中，保持理智和冷静是多么重要。我需要学习如何在情绪波动时找到合适的应对策略，而不是让情绪主导我的行为。

其次，在冲突中，我对这位学生的情绪变化缺乏敏感性。作为教师，我理应关注学生的感受，理解他们行为的原因。然而，当他表现出不屑时，我没有考虑到可能是他对课堂内容的不理解或其他情绪困扰所致。这种缺乏同理心的反应不仅加剧了冲突，也影响了良好的师生关系。

最后，在冲突中，我过于专注于课堂纪律和自我情绪，忽视了学生的感受与需求。这位学生可能有自己的理由和困惑，而我没有给予他表达的机会，导致他无所适从。作为教师，我的职责是理解和支持学生，而非仅仅追求课堂纪律。

作为教师，情绪管理不仅是个人的责任，更关乎学生的学习体验。在这个过程中，我明白了在教学中需要更具耐心与理解，而不是让情绪主导行为，冲突不仅是教师与学生之间的对抗，更是情感与沟通的挑战。

阳光心态：做一个情绪稳定的老师①

三个工人在砌一堵墙。有人过来问："你们在干什么？"

第一个人没好气地说："没看见吗？砌墙。"

第二个人抬头笑了笑，说："我们在盖一幢高楼。"

第三个人边干边哼着歌曲，他的笑容很灿烂开心："我们正在建设一个新城市。"

10年后，第一个人在另一个工地上砌墙；第二个人坐在办公室中画图纸，他成了工程师；第三个人呢，是前两个人的老板了！

这个故事启示我们：作为老师，对待工作中的烦恼和不悦，要情绪稳定，保持阳光心态。

情绪稳定，尤其是"阳光心态"，不仅能帮助教师更好地应对日常教学中的挑战，也能为学生营造积极向上的学习氛围。

情绪稳定指的是个体在面对各种内外部压力时，能够保持情绪的平衡与理智，不轻易受到外界因素的干扰，持续保持一种积极、平和的心态。这种状态不仅表现为对情绪的良好管理，也体现在对周围环境的适应能力。情绪稳定的教师能够在课堂上有效应对各种突发事件，如学生的情绪波动、课堂纪律问题，利用自我调节能力，快速识别自身的情绪，并采取适当的措施来控制和调整情绪。

情绪稳定的教师能够在压力面前保持冷静，以积极的态度面对各种困难。这种稳定不仅有助于提高教学效果，也能促进师生之间的信任和理解。情绪波动大的教师往往难以管理课堂，可能导致学生的不满和抵触，进而影响整个教

---

① 本文是2011年教师节我给教师的建议，原标题《保持阳光心态，做一个情绪稳定的老师》。

学进程。

情绪稳定对教师的职业生涯有着深远的影响，主要体现在以下几个方面。

首先，能提升教学效果。情绪稳定的教师能够更好地控制课堂氛围，提高教学效果。当教师以积极的态度面对课堂时，学生也更容易受到感染，积极参与课堂活动。研究表明，教师的情绪状态与学生的学习动机和参与度直接相关，情绪稳定能显著增强学生的学习效果。

其次，可以融洽师生关系。情绪稳定的教师往往能够与学生建立良好的关系。当教师展现出耐心和理解时，学生更容易感受到被尊重和关心，进而加深与教师之间的信任感。这种良好的师生关系不仅有助于学生的情感发展，也能提高他们的学习积极性。

最后，可以增强个人幸福感。情绪稳定的教师更容易在工作中找到满足感和成就感，从而提升职业满意度。职业满意度高的教师能够保持更长久的工作热情，降低职业倦怠的风险。

教师的情绪波动是教育过程中的一个普遍现象，了解其常见原因，有助于教师更好地应对情绪挑战。

一是工作压力与挑战。教师的工作环境充满挑战，面对繁重的工作任务和高压力的教学要求，情绪波动在所难免。

随着教育改革的推进和课程标准的提升，教师的工作负担显著增加。除了日常的教学工作，教师还需要承担课外活动、学生评估、家校沟通等多项职责。这种多重角色的压力常常使教师感到疲惫和焦虑。例如，在学期初，教师需要花费大量时间进行课程准备和教学设计，而随着学期的推进，还要面对持续的批改作业和组织活动的压力。这种不断累积的工作负担，容易使教师不堪重负，进而引发情绪波动。

在多元化的教育环境中，学生的个体差异和需求各不相同，教师需要根据不同学生的特点进行灵活的教学安排。这种需求的多样性使教师必须不断调整教学策略，以适应学生的变化。例如，面对学习能力不同的学生，教师在课堂上可能需要投入更多精力去帮助基础薄弱的学生，而这可能会影响到对其他学生的关注。在这种情况下，教师很容易感到焦虑和压力，导致情绪波动。

二是与学生及家长的互动。师生关系和家校沟通的复杂性也是教师情绪波动的重要因素。在课堂上，当学生的表现不如预期，或与教师的期望相悖时，教师可能会感到失望和挫败。例如，一名学生的持续不良表现可能会让教师怀疑自己的教学能力，从而导致情绪的波动。此外，学生的情绪变化也会影响教师的情绪状态。当学生表现出焦虑或抵触情绪时，教师可能会感同身受，进而感到不安和困惑。这种情感的共鸣虽然有助于理解学生，但也可能加重教师的情绪负担。

家长对教师的期望往往较高，教师需要在教育质量和家长的期望之间找到平衡。当家长质疑学生的表现或教师的教学方法时，教师可能会感到压力和委屈。例如，当家长对学生的学习结果表示不满时，教师需要对这种反馈进行回应。如果教师感到无法满足家长的期望，可能会引发自我怀疑和情绪波动。这种压力不仅影响教师的情绪稳定，也可能对教学造成影响。

三是自我期望与职业倦怠。教师的自我期望和职业倦怠也是情绪波动的关键因素。教师通常对自己的职业要求较高，希望做到尽善尽美。然而，现实中难免会面临各种挑战，无法满足自身的高标准。这种自我施加的压力，往往导致情绪的波动。例如，教师在课堂上希望每位学生都能理解所教授的内容，但在实际教学中，难免会出现学生对某些知识点理解不深的情况。这种不如预期的结果容易让教师感到挫败，从而影响情绪的稳定。

为了在教育工作中保持情绪的稳定，教师需要积极培养阳光心态，通过有效的自我调节、建立积极的课堂文化和寻求支持与合作，更好地应对情绪波动，提升教学效果。

学习情绪调节技巧能帮助教师识别和管理自己的情绪。在紧张或焦虑时，可以通过深呼吸来缓解情绪，让自己放松，回归平静状态，这不仅有助于缓解即时的紧张感，还能增强对情绪的控制能力。而且，教师应鼓励自己适时表达情绪，与信任的同事或朋友分享困扰。倾诉，不仅可以减轻心理负担，还能获得外界的支持与理解，帮助自己更快地调整情绪。

教师在日常工作中应采取有效的压力管理策略，以避免情绪的过度波动。制订合理的工作计划，明确工作优先级，避免因任务积压而产生压力。将复杂的任务分解为小的可执行步骤，可以有效减轻压力感。在工作中要确保定期休息，参与一些放松的活动，如运动、阅读或听音乐，保持积极的情绪状态。

在我的教育经历中，我曾遇到许多挑战和困扰。记得有一次，我带领一个班级进行期末复习，学生们的学习压力很大，情绪普遍低落。面对这样的情况，我意识到作为教师的我也需要调整自己的心态。

我开始尝试用阳光心态去面对问题。我与学生进行了沟通，了解他们的困扰和情绪。我告诉他们，复习是一个过程，我们可以通过团队合作来减轻压力。通过分组讨论和互动游戏，学生们逐渐放松了心情，积极参与到复习中来。最终，班级的整体学习氛围变得轻松而愉快，学生们的学习成绩也有了明显提高。

另一个让我深刻体会到情绪稳定重要性的经历是在一次家长会上。有一位家长因孩子的学习问题对我有很多责难，情绪激动。面对这样的情况，我保持冷静，认真倾听他的意见，表达理解，并给出解决方案。最终，这位家长不仅对我的教学表示认可，还与我建立了良好的合作关系。

作为一名教师，培养阳光心态、保持情绪稳定是我们实现教育使命的重要保障。

首先，教师需要关注自己的身心健康。健康的身体是良好心态的基础，所以教师需要注重锻炼和保持良好的生活习惯，保持规律的作息、合理的饮食、适度的运动等健康生活方式，有助于调节身心状态，提高情绪稳定性。拥有健康的身心，教师才能够更好地处理各种挑战和压力。

其次，教师需要积极地寻求专业发展。教师应该不断地学习和成长，提升自己的专业能力和素养。通过学习新的知识和技能，教师能够更好地应对教学中的困难，并提供更优质的教育服务。同时，教师还应该与同行交流和互动，分享自己的经验和思考。这种积极的学习和交流能够帮助教师更好地适应和应对教育领域的变化，保持积极的心态。

再次，增强自我情绪管理能力。增强自我情绪管理能力，教师可以采取以下措施。一是学习情绪管理知识。通过阅读相关书籍、参加培训等，了解情绪产生的机制、识别自己的情绪状态以及掌握有效的情绪调节方法。二是建立情绪支持系统。与家人、朋友或同事建立良好的关系网，遇到问题时及时倾诉与求助，获得情感上的支持与安慰。

最后，保持乐观向上的生活态度。生活态度是影响教师情绪稳定性的重要因素。教师应以积极的心态面对生活中的困难与挑战。遇到挫折与失败时，不气馁、不放弃，而是从中汲取经验教训，为下一次的成功做好准备；遇到不开心和烦恼的事情，积极调节情绪状态，看懂才简单，看开才豁达，看透才成熟。

　　阳光心态是一种积极、乐观、向上的情绪状态。对于教师而言，保持阳光心态、做一个情绪稳定的老师不仅是职业发展的需要，更是个人专业成长的追求。

微笑教育：培育温暖的力量①

　　我的小学语文雷老师、初中数学周老师、高中数学刘老师，无论上课还是下课，总是面带微笑，让人倍感亲切。下课笑容满面和同学们交谈，上课总是向学生投以微笑，很好地消除了学生对教师的陌生感和拘束感。每次上课，这些老师总会面带微笑地环视教室里每一个角落的同学，从心灵上预先与同学们取得沟通，从而营造良好、和谐的学习气氛。当学生犯错误时，与学生游戏时，学生遇到困难时，或当学生克服缺点有进步时，他们都会先舒展笑容，这微笑胜过千言万语。

　　后来，我当了老师，经常用微笑温暖学生，激发学生前行的力量。早晨，我微笑着迎接一个个高高兴兴地来到学校的孩子们，他们也亲切地叫着我，连平时特害羞的小明也开心地说了一句："老师早上好！"午餐时，我微笑着提醒孩子们："多吃点，不要挑食哦！"天真可爱的小英竟跑到我面前害羞地说了一句："老师，你也要多吃点哦。"放学了，我微笑着送孩子们走出校门，他们也举起一双双可爱的小手喊着："老师，再见，再见！"看着孩子们一张张天真可爱的笑脸，我很欣慰：多有礼貌的孩子啊！

　　当我们用微笑面对学生时，能给予学生宽松愉悦的心情，使他们感到亲切、温暖，能增强他们的自信心。微笑或许是架起师生情感桥梁的纽带，活跃的课堂气氛的创设少不了微笑这一润滑剂。"忍一时风平浪静，退一步海阔天空"，要给学生一次机会，送他们一个微笑，忍让处世，微笑工作。服务行业提倡"微笑服务"，教育教学工作也应当提倡"微笑教育"。

---

① 2024年10月，我深入集里街道奎文实验小学调研"一校一品"创建工作，与该校管理团队正式将"微笑教育"作为品牌定位后，结合自身学习、工作经历，感悟颇多，撰此文深化对"微笑教育"的理解。

微笑作为一种简单而有力的情感表达，具有不可小觑的影响力。微笑教育，作为一种温暖而富有感染力的教育理念，其核心在于通过教师的积极情绪、亲和力和乐观态度，为教育环境注入一股生命的活力与温情，强调通过微笑与关怀来增强师生之间的互动与理解，从而激发学生的学习兴趣，促进师生之间的和谐互动，以及学生身心的全面发展。

俗话说："微笑是最亲切的语言。"教师的微笑能拉近师生距离，增进师生感情。对学生来说，教师的微笑是世界上最美丽的表情，教师的微笑是对学生的一种尊重、一种宽容、一种鼓励。

老师带着微笑出现在课堂上，在教师与学生之间架起一座情感交流的桥梁，就能让学生在亲切、愉快的氛围中去汲取丰富的知识与营养。有位专家说过："智力可以受损，但微笑永远不会，它朝气蓬勃，永远垂着绿阴，开着明媚的花，结着芳香的果。"课堂上，教师的微笑，能激发学生的学习兴趣，能引导学生全神贯注地进入学习角色并获得知识，能有效调动学生学习的积极性并提升教学质量。所以在课堂上，我都会面带微笑，学生回答问题时也能踊跃举手，课堂气氛很活跃。

雨果说过："微笑就是阳光，它能消除人们脸上的冬色。"微笑不仅能让人驱走心灵的阴霾，还会让人变得友善。当学生犯错时，教师的微笑就是善意的宽容，可以帮助他们改过自新；当学生遭遇挫折时，教师的微笑是一种力量，可以帮助他们鼓起战胜困难的勇气；当学生踌躇不前时，教师的微笑就是一种鼓励，可以帮助他们树立信心。当海伦·凯勒的生命在黑暗里碰壁时，正是沙莉文老师那微微的一笑，让海伦·凯勒充满黑暗的生命意识到了春天的来临，使她感受到了阳光般的温暖。她说："温暖的阳光照在我的脸上，我的手指触到了鲜花和叶子，我意识到春天来临了。"例如，在上课时，学生常常会有回答不出来或者不敢举手回答的时候，甚至会有逃避教师眼神的情况。此时我不会粗暴地训斥，也不立即将答案告诉学生，我会用鼓励的微笑眼神看着学生说道："同学们，谁来试试看，看谁能把这个难题回答出来？勇敢点，自信点，相信自己能行。"在我的激励下，同学们纷纷踊跃举手回答问题。

微笑教育不仅是一种理念，更需要在实际教学中付诸实践。通过有效的策略，教师可以将微笑教育融入日常教学中，创造一个积极向上的学习环境。

其一，微笑作为一种简单而有效的情感表达，能够显著改善课堂氛围，给予学生更正面的学习体验。

微笑能够立即改变课堂的气氛。当教师面带微笑走进教室时，学生会感受到一种友好的氛围，从而放松心情，更加专注于学习。在教学过程中，教师应有意识地运用微笑。例如，上课开始，教师可以用微笑和热情的问候欢迎学生，创造一个积极的开端；在学生回答问题或参与讨论时，教师可以通过微笑来鼓励他们。这种积极反馈会增强学生的自信心，激励他们更加积极地参与。面对学生的错误或挑战，教师可以用微笑的方式来引导，而不是以指责的态度进行批评。

其二，有效的沟通是微笑教育的重要组成部分，教师需要掌握一些沟通技巧，以增强与学生之间的情感联系。

教师的肢体语言、面部表情和语调都对沟通效果有显著影响。通过积极的非语言沟通，如微笑，教师能够传递出友好和关怀的信息。例如，教师在讲解内容时保持目光接触和轻松的面部表情，可以让学生感受到教师的支持和关注。

微笑教育强调教师应积极倾听学生的声音，理解他们的情感与需求。教师可以采取两种方法。一是给予关注。在学生发言时，教师应展现出充分的关注，避免打断，认真倾听他们的观点。这不仅能让学生感受到尊重，还能建立起良好的沟通基础。二是回应与确认。在学生表达观点后，教师可以用微笑和简单的确认语句来回应，例如"谢谢你的分享，我很高兴你这样想"。这种反馈能够增强学生的信心，鼓励他们继续表达。

其三，建立积极的课堂文化是微笑教育成功的关键。教师应努力营造支持和包容的学习环境。

一是要创设开放、支持的环境。教师应努力创建一个让学生感到安全和舒适的环境。例如，建立课堂规章制度：在学期初与学生共同制定课堂规则，让学生明确课堂期望，这种共同参与感能够增强他们的责任感和归属感。鼓励积极反馈：教师应积极鼓励学生互相给予反馈，分享彼此的成功与困难。在这种开放的氛围中，学生能够感受到集体的支持，更愿意表达想法。

二是鼓励学生积极参与互动。积极的课堂参与能够有效提升学习效果。教师可以通过多种方式促进学生的参与，如小组合作学习、游戏化教学。

其四，建立和谐的师生关系。微笑能够有效消除师生之间的隔阂。当教师面带微笑与学生互动时，学生会感受到教师的关心与支持，进而增强对教师的信任。这种信任关系能够帮助学生更好地表达自己的想法和情感，减少课堂中的冲突和误解。

例如，在面对学生的问题时，教师以微笑的方式给予积极的反馈，能够让学生感受到被重视，进而更愿意向教师请教。这样的良性互动有助于建立和谐的师生关系，促进双方的情感交流。

当学生在课堂上感受到教师的支持时，他们更容易接受教师的指导和建议。教师通过微笑传递出的积极情感，能够使学生感受到安全和温暖，从而愿意在学习上冒险尝试。这种良好的师生关系不仅能够提高学生的学习效果，还能促进学生的情感发展，使他们在学校生活中感受到更多的快乐与满足。

微笑教育是一种充满智慧与爱的教育理念。它让教育充满了生命活力与温情关怀，为学生的成长与发展提供了肥沃的土壤与温暖的阳光。我们应该积极倡导并实践微笑教育，让微笑代替说教，让每一个孩子都能在爱与尊重中茁壮成长。

下篇　乐为人师，享受讲台的魅力

第八辑　转换角色，从老师到校长

当好家长：把老师视为家人①

我当校长 26 年，大多数时候能把每个教师的优点、特点都说出来，而且连时间、地点都说得特别清楚、特别具体。A 老师患有心脏病，每天身上都带着"救心丸"，可是晚上加班还是坚持到校。B 老师什么时候晚上开灯，我过去一看，发现 B 老师正在批改作业，当时我们两个又是如何交谈的，都说得特别详细。又说到什么时候 C 老师生病了，当时由于什么特殊情况没有去探望，心里一直过意不去。

D 老师曾发给我一条短信息：我虽然感到在校工作时间长、压力大，有一段时间想过离开。但有一次早上下着雨，在教学楼前，我的钥匙掉到了水沟里，校长您毫不犹豫地弯着腰，把手伸进污水沟里，帮我找到了钥匙，我真的很感动，一次可能您认为不足挂齿的小小举动却让我改变了不安心的想法，在您身边感到安全、温暖。

E 老师是一名外省的年轻老师，在学校工作 3 年后，父亲来到学校跟我说：儿子在浏阳教书，举目无亲，没有房子，年纪已 28 岁了，成家是个大问题，如果一年内没有找到对象，下一年就要他回老家工作。这个年轻男老师，学历高，人长得帅，我先后给他介绍过两个女孩子，没有成功。带着他去见第三个女孩子，他立刻表示满意，恋爱一年后结婚，结婚当日他对我说：我终于明白了，我和这个女孩子为何能成功走到一起，原来是校长您的外甥女啊。我笑称，可不是嘛！

校长要当好家长，要有真诚的服务意识和奉献意识。作为一名校长，要甘

---

① 本文是 2011 年 4 月，在全市教育管理工作会议上经验分享稿，后来编入著作《好校长是这样炼成的》，内容略有删减。参见王中华，刘文章. 好校长是这样炼成的 [M]. 长沙：湖南师范大学出版社，2011：179.

于做好师生的勤务员和服务者，时刻注意做到先听后说，先做后说，边做边说。全身心奉献，吃苦在前，享乐在后；坚持每天早到校，晚离校，做到脑勤、腿勤、嘴勤、手勤、耳勤，认真倾听师生的意见和建议，时刻把师生的冷暖安危放在心上，关心老弱病残教师，关爱家庭困难教师，尽量为他们提供及时有效的帮助，让每个教师分享学校大家庭的温暖，让教师感受到安全感、归属感。

校长当好家长，要有兄长般的格局和情怀。首先是要心胸开阔，能兼听和包容各种意见，经受得起管理对象的批评、指责和质询，遇事冷静，分清美丑，明辨是非，要有勇气为曾经反对过自己的人鼓掌。其次，要平等待人。作为共同为教育事业献身的校长和教师，在人格上更是平等的。当校长的应该这样想：碰上机会了，领导给一顶帽子——校长，而大多数的教师没碰上这个机会罢了。有朝一日，把这顶帽子戴到别人头上，就又变成教师了。如果常常这样想，就不会成为凌驾于教师之上的"精神贵族"了，只会是"为官一任，造福一方"的"与民同乐"的人民公仆。最后，要见贤思齐，尊贤爱才。要管理好学校，不能仅靠校长一个人，必须有一批组织教育教学和从事教育教学的骨干教师队伍，这就要求校长要知人善任，唯才是举，发挥每个教师的才能，挖掘每个教师的潜能，力争使学校的各系统、各科室都有能人。对于校长来说，重用有能力的教师很容易，但重用有能力而又有个性并瞧不起自己的教师则很难，这时需要校长有宽阔的胸怀和礼贤下士的情怀。

校长要当好家长，要多站在教师的角度考虑问题。作为校长，不论提出什么要求，采取什么措施，布置什么工作，解决什么问题或者批评哪一个教师，都要站在教师的位置上去想一想：假如我是教师，我能接受得了吗？我能完成吗？中国不是有句"马上不知马下苦"的老话吗？这一句话不就是批评那些只顾自己升官发财而不顾人民死活的坏官吗？只要校长能体谅教师的苦衷、难处，就会提出让大多数教师接受得了的要求，就会制订出切实可行的工作计划和工作要求等，而教师就会与校长同心同德、同舟共济，就会为校长出谋献策，就会心甘情愿、不遗余力地工作。

把老师视为家人，需关注教师感受，关注教师需要，关注教师的情绪变化，倾听教师的声音，迎合教师的期望，以便持续促进教师的专业发展。在学校管理中要多用"微笑"代替"严肃"，多用"关注"代替"威严"，多用"倾听"

代替"命令"，多用"引领"代替"控制"，多用"情感沟通"代替"批评指责"……

当好家长，把老师视为家人就要构建命运共同体。一是利益共同体。学校工作要满足教师的利益需求，要利用教师的需求来激励他们的工作，要为教师利益拓展留有空间，要尽可能将学校利益增损与教师个人利益结合起来。二是职业共同体。首先要让教师在行为上有机会互相协作，其次让教师在行动上能够互相协作，最后是让教师在活动上可以互相协作。三是文化共同体。教师们有着基本一致的人生观与价值观，能够为了共同的理想与追求，彼此协作与努力。

保持底色：烧开一壶水，品好一杯茶①

1988 年某天，学校同事带我去县城内一家当时效益不错的企业相亲，这家企业是出口企业，女职工较多。当时，涉世未深的我没特意精心打扮，保持着农村孩子的纯朴和憨厚。在相亲的时候，有几个女孩子对我不屑一顾，甚至议论道："真的很土，还是臭老九、穷教书匠。"这句话深深地刺痛了我，我心里反问：教书又怎么样，我自己可以讲一百遍教书不好，但我决不允许别人说一句教书不好，何况是要相亲的对象说出的！因此，人生第一次相亲失败了，因为对方看不起我的职业，深深地伤害了我的职业尊严。回到学校，我更加珍惜和热爱自己的岗位，我暗自发誓：我一定要安下心来，在平凡的岗位上把教育这一壶水烧开，品好教育人生这一杯茶。

我的三个习惯

习惯之一：坐下来读书

"坐下来读书"，摒弃"干就是学习"的狭隘思想，在读书中领会、掌握知识，博学多识，不被名家学说所吓倒，不把前人的学说奉为教条，而是自由地去运用各种学说，辨别真伪，不断提出创造性的新观点、新理论。

我边教英语边参加英语自学考试，每天除了教书就是读书，夜深人静的时候正是我在暗淡的电灯下读书的好时候，五年的自学，提高了我的英语水平，

① 本文是 2011 年 10 月，在全市初中校长培训班上的讲课稿，原标题《校长成长的三部曲》，后来编入著作《现在，我们这样做教师》，内容略有删减。参见刘云燕，等. 现在，我们这样做教师［M］. 福州：福建教育出版社，2013：131 – 140.

让我获得了全国英语自考大专文凭，拿到文凭的当晚，我一夜未眠。从此，学习成了我生命中必不可少的部分。2001年6月，我师从石鸥教授，学习期间，荣获科研单项奖，2004年6月，我顺利通过了硕士论文答辩，毕业论文《义务教育阶段"名校办民校"的问题分析与发展思考》被评为优秀，获得了教育硕士学位。24年来，我先后获得了高等教育自学考试英语专科文凭，教育管理函授专、本科学历，教育硕士学位；先后参加中学校长岗位培训、提高培训和全国第31期初中骨干校长培训；被省教育厅先后遴选参加初中未来教育家和教育家孵化高端培训。因为读书，我结识了不少的朋友，其中有一个就是我的爱人；因为读书，我喜欢上教书，爱上了这一份职业；因为读书，我教书得心应手，小有成就；因为读书，我走上了校长岗位，一干就是26年；因为读书，我的教学水平、管理能力与日俱增；因为读书，我坚定了自己的教育信仰，一直没有动摇过。学生、家长和同事总是评价我"身上充满了书香味"。

习惯之二：静下来思考

只有把学习与思考结合起来，经过思考加以消化，才能使认识进一步深入和提高。对于工作来说，校长若不善于思考，工作就抓不到位，就有可能成为被动应付的事务主义者，既理不清现实情况，更谈不上谋划学校的明天。

有一次在学校餐厅吃饭，我打完了菜就开始吃，吃着吃着才发现忘记了打饭，同事笑话我：校长吃饭也在想事哦。的确如此，我经常吃饭、走路、睡觉都在思考问题。"学而不思则罔"，校长应当学会面对问题，能冷静分析、沉着思考，从纷繁复杂的表象中迅速理出头绪，抓住关键点，要经常进行深刻"反思"和自我"解剖"，注意积累经验和吸取教训，善于自我总结提高。我每天坚持写管理日记，管理日记有30多本；喜欢对人和事进行分析归纳，经过理性思考，找出一个普遍性的结果。观察思考费时费心，大多数时候为了跟踪一件事情，需要早起晚归，又要不动声色，有时日夜带着问题思考，甚至有些时候不能入睡，睡了想到又起床，写了又睡，折腾到凌晨是常事。

习惯之三：有效支配时间

大量的工作需要时间，"坐下来读书"需要时间，"静下来思考"也需要时间，而时间是有限的，这就需要提高效率。一方面要统筹兼顾，合理地分配时间，学习、工作、生活应当忙闲交错，张弛有度；另一方面，要重视行动，现在的事马上办，今天的事决不拖到明天。

"子路无宿诺"讲的就是这个道理。迅速有效地行动，不仅节约了时间，也提高了工作效率。

我的一天是忙碌的，但我的一天是充实的，学习、生活、教学、管理、运动等安排有序，严格按照时间安排工作，如果有中心工作冲淡了一天的安排，就要在当天抽时间、挤时间补上，决不拖沓。

我的三个作风

作风之一：和老师、学生保持零距离

我经常耐心细致地做师生的思想工作，从不急躁，不简单行事，遇事先商量，从未与教职工吵过嘴，红过脸，老师生病住院一定前往看望，老师家庭有困难，一定积极主动上门帮助解决，逢年过节主动向教职工发出慰问短信。与学生相处，关系十分和谐、融洽。从未体罚或变相体罚过学生，关爱后进学生，经常找后进生谈话交心，先后为困难学生以及教育基金、救灾等捐款 16000 余元。师生都称我是极具亲和力的校长。老师称我为"大哥"，学生称呼我为"校长爸爸"。

"刘校长，您还记得起我吗？我是十年前您资助我完成学业的学生之一——彭××，当年，我妈病故，爷爷、爸爸患病，姊妹四个我是老大，我濒临辍学，是您鼓励支持我学习。此后，我大专毕业来到了深圳创业，现在我们姊妹四个均已长大成人，我们很想念你，很感激您给我们的大爱，我们终生记住您，望您保重身体，回家后再登门看望您。"这是过年时收到的学生发自内心的感激短信。

2006 年 7 月离开新民学校后，不少老师在我的个人网站上自发留言，现摘要几则如下。

今天，你让我差点流眼泪了。很多话，我无法说。我只想告诉你，你是我所遇到过的、我知道的最令人敬佩的校长。谢谢你！四年的共事，让我改变了很多。离别，无可避免。留恋，徒增伤感。

今天离别的场面有点突然，有点伤感，事实上很多人已经落泪了！！！您有着杰出的管理和领导才能、高度的责任感和爱心，是一位让社会、家长和老师敬佩的好校长。能在您的麾下工作是我的幸运，"新民人"的解体无可避免，在这里祝您和新民的同事们在今后的工作和生活中硕果累累、幸福如意！！！

刘校长，真的很幸运，一参加工作就遇到了您这么一位德才兼备的好校长。您的言传身教，不单教会了我们如何做事，更教会了我们如何做人。万语千言，都化作最真切的谢意以及最诚挚的祝福：好人一生平安！

作风之二：干干净净做校长

我能做到多琢磨事，少琢磨人，处理事情对事不对人，公开、公平、公正地对待每一个教职工，对待每一件事情。在晋职、评先、评优、聘任等重大问题上，做到方案公开、过程公开、结果公开，曾4次把年度考核优秀名额让给一线的教师；不参加学生家长的宴请，不接受家长的馈赠，不带家教等，每年师德考核为优秀。另外，严格遵守学校财务管理制度和财经法规，不介入学校大小经济活动。同时，加强了对重要岗位的工作实行程序性操作，严格把好财务审批关。

在2006年我离开新民学校时，市教育局对我的离任审计报告中写道：任职期间认真履行了经济工作管理职责，重大经济决策民主科学，内控制度完善，学校办学整体水平高……财务收支清楚、真实，财务审批严格，手续完善，各项收入均纳入学校统一管理，大宗购买及添置严格实行集体采购、招标，校务公开透明，确保了学校财经运行的安全……

作风之三：除了坚守还是坚守

作为教师，我时时以教师职业道德严格要求自己，树立良好的师表形象；作为一名共产党员，我时时以身作则，勇挑重担，率先垂范，保持党员教师的先进性；作为校长，我时时告诫自己要做老师的老师，严于律己，踏实工作，忠于职守。

我坚持以校为家，出满勤。每天坚持早上学生起床前 10 分钟赶到学校，和学生一起参加早锻炼，晚上下晚自习后回家。2003 年上学期，我承担了初三政治教学任务，学校管理任务、教学任务和工作压力相当大，又要在湖南师范大学攻读教育硕士学位，每周四清早去，星期日晚上回，来回坐班车需要折腾 5~6 个小时，工学矛盾十分突出，但我克服一切困难，在教学效率上下功夫。所教班级的学生乐意上我的课。

坚持大多数时间深入课堂、办公室，查课、听课，听取师生意见，细致地做学生工作，指导各项工作；深入操场、活动室，看师生开展锻炼和第二课堂活动；走进食堂、宿舍，查伙食质量和学生休息情况。做到每周至少听课 2 节，全年听课不少于 100 节，检查教师教学常规每个月 1 次，和学生口头或书面谈话每年在 120 人次以上，收集并回复学生、家长及教师的意见或建议每年 200多条。

1993 年，我参加了全市科局级干部任职资格考试，笔试成绩进入了前三名，当我的学生知道我要参加面试并有可能不当老师时，班上学生集体写信挽留我，要我别离开他们，不少学生还流了泪。我思考了一个晚上，第二天毅然决定放弃面试机会。学生高兴地把我抬起来，说道：刘老师真的很爱我们！

我的两条教育信仰

信仰之一：看不起教师就是在亵渎自己

教师是立校之本，教师才是学校最宝贵的财富，学校誉满天下因有名师而非大楼。打造一支"德能双馨"的教师队伍是校长的重要使命，校长看不起教师就是在亵渎自己。校长心中要有教师第一的理念，对教师要有战友般的情结、兄长般的情怀。

1994 年，我刚开始当上一所初级中学的校长，上任第二天，有一个老领导就告诉我：当上校长后，某位教师一个人就够你受的。这位教师的教学水平高，但个性特强，搞不定，他就会在大会小会上当场和你作对。果然，和这位教师第一次交流的时候，我就受挫了，我要他到我办公室来聊聊天，他就说，你刚当校长有什么了不起，为何一定要到你办公室来呢？你就不可以来我办公室吗？他说他是学校的"教授"，并且第一次安排教学工作还讲价钱，不很配合。但我没有与他计较，反而提拔他为中层干部。我当校长的六年，这位教师就像一位蹲点的教研员，每天和青年教师在一起听课、评课、分析与研究课堂，为学校教学质量的快速提高做出了贡献。我离任后，他逢人就说：刘校长可以大胆用人，只有在他手下做事，才能发挥自己的潜力……

我当校长，有三件事难以忘怀，也令教师感动。第一件事是我在一所离城区有 5 公里的初中当校长时，在城区居住的教师超过半数，他们每天要往返于学校，下晚自习后还要骑着自行车回家，于是，我就决定，在城区的老师如果要上早晚自习，由学校租车统一接送。第二件事是逢教师生日，每个教师会收到学校的生日贺卡和鲜花，过集体生日；逢年过节，我坚持为教师发短信以表祝贺。第三件事是每个学年，我坚持为每个教师写评语，肯定每个教师一年来的主要成绩，善意地提出今后需要改进的建议。

信仰之二：离开课堂是校长最大的失职

我坚持认为，校长不是官，校长是教师的教师。校长不备课、上课、听课、评课，那当校长做什么事？一个不深入课堂的校长绝不是一个真正意义上的校长。

2004 年，全市举行首次课堂教学竞赛，当时有不少老师以及兄弟学校校长不解地问：你当校长，怎么还要去与其他教师一样参加赛课呢？我认为：校长应该去体验一下老师赛课的感受，要去和教师一道分享赛课后的幸福，至于赛课的结果是次要的。我没有任何压力去参加赛课，以新颖的教学设计、科学的教学方法、较为扎实的教学基本功和高效的课堂教学效果，最后高分获得了一等奖。这个结果，源于我在学校与老师们一样上课、听课，参加教学研讨活动，平时，学校每个教师听我的课后都说我的课上得十分好，教得轻松，学得扎实，每一堂课都是示范课，还有就是坚持"精讲精练，练在当堂"的教学风格，这也是我引以为豪的地方。

　　我总是日夜忙碌而在追寻理想教育的真谛。我一直以教书育人为乐，在广袤的教育园地里，我养成了三个好习惯，铸就了三个好作风，坚定了两条好的教育信仰，我也总是执着地把一壶教育水慢慢烧开，同时又一直在用烧开的水细细品味这一杯意味深长的茶，为自己能不断创造教育幸福而感受到校长职业的成功感和满足感。

文化育人：学校持续发展的动力源①

　　于漪先生曾说过："学校不管采用怎样的思路办，有一点切不可小视，那就是校园的文化建设，对校园文化建设重视不重视，建设到什么程度，会影响乃至决定学校的形象、质量和生命力。"

　　办教育就是办文化，办学的使命和责任关键在于实施文化立校，确保学校可持续发展。文化立校在于以"物"化人，做到让校园环境说话，以物质形态凸显学校环境文化；以"文"化人，强调制度文化建设，包括制度、纪律、校规等校园一切制度形态的东西；以"场"化人，强调精神文化建设，涉及师生的精神、气质、价值取向、正能量场等；以"行"化人，强调行为文化建设，包括行动纲领、师德规范、教育活动、教学过程等，以践行的方式外化为一种学校文化形态。

以"物"化人，学校环境文化——一本立体的教科书②

　　校园环境文化，是看得见摸得着的东西。校园环境文化的每一个实体，以及各实体之间的结构关系，无不反映了某种教育价值观。学校环境文化建设主要从自然景观、科学景观、人文景观和建筑风貌四个方面着手，并需要定位一个主题，抓住学校环境文化建设的几个支柱：教室文化、办公室文化、自然景观文化、运动场文化、建筑文化等，充分体现环境育人的合理性和科学性，融

---

　　① 本文是湖南省教科院省级课题"民办学校文化建设实践与研究"子课题"新建民办学校文化建设实践与研究"研究成果，编入著作《民办学校文化建设的理论与实践》。

　　② 雷芳，刘文章，等. 民办学校文化建设的理论与实践［M］. 北京：光明日报出版社，2014：219–230.

校园、乐园、花园、家园为一体，集气派、高雅、现代于一身，潜移默化学生的心灵世界。

校园教学和生活设施直接影响学生的学习生活质量，还将影响学生身心健康、情绪甚至个性变化和世界观的形成。校园设施除了保障学生学习生活的基本需要，根据学校育人的特殊要求，还需满足各种特长教育和特色活动的需求，使学生在丰富多彩的校园活动中提高文化艺术修养，增强体魄，健全品格，张扬个性。

宣传栏是学校文化、制度、动态、教学成绩、办学成就等方面最直观和形象的体现，给人以视觉的直接冲击。师生风采栏可全方位展示师生的精神风貌，学生的作品和成绩，如学生参加艺术活动、体育活动的图片、书画作品、优秀习作、科技制作等，可以对学生起到激励作用。学习论坛有学生学习心得介绍、学科知识、学习小技巧推介等；也有各科教师总结的学习规律和方法，特别是对刚入学的学生进行学习指导，拉近师生间的距离，营造互助共进、竞争和谐的学习氛围。阅报亭是全校所订阅报纸统一展出场所，供师生课余阅读，拓宽学生知识视野。

灯具是学校景观中不可忽视的一部分，在白天是景观的装饰，晚上能为师生照明，又可渲染气氛。灯具顶部造型设计可简洁、现代，增强学校的灵动性。灯光采用普通白炽灯的颜色，广场上适当设置地灯，树木比较多的地方适当添置绿色的镭射灯。

在学校各个绿地处，酌情设置学校标语牌。既可以是学校口号，也可以是温馨提示语。口号、标语不宜多，标语牌颜色采用学校标准色。

学校的每面墙壁、每块绿地、每个角落、每个标志、每个布置都会使学生随时随地受到感染与熏陶。

鼓舞人心的校训、班训、标语、教育橱窗、班级口号等都需经过精心设计，醒目展示。建筑物内部的楼梯走廊，可陈列师生光荣榜、校史、杰出人物介绍、新闻时事等，为学生树立榜样，开阔视野，激发求知欲。言简意赅的标示语、警示语根据校园布局点缀其间，既可烘托育人环境的气氛，又可改善景观局部细节。

学校食堂以"感悟食文化"进行餐厅的文化营造。培养学生珍惜粮食，反对浪费，注意节约的意识。体育活动区文化设计突出了强身、励志、更高、更快、更强的体育精神。同时增设一些更具有文化气息的亮点。

环境是潜移默化的"春雨"，教育环境是产生润物无声效果的"湿地"。"人可以创造环境，同样环境也可以改造人"，校园环境就是一本"立体的教科书"，它是培养合格人才的重要载体，又是校园文化建设的物质载体。加强校园环境建设，将"让校园的每一处都说话"作为学校教育宗旨，于无声中潜移默化地育人，做到学校无闲处，处处熏陶人，一草一木皆关情。

以"文"化人，学校制度文化——"师生共同的约言"

靠制度治理学校，有时候并不是最好的，但是绝对不是最差的；靠领导者的个人情感和智慧，有时是最好的，但更多时候是最糟糕的。

为什么要关注制度问题？

治理学校要依赖于三大力量：制度力量、理性力量、道德力量，简单地说就是"法""理""情"。制度力量提供某种人际交往的强制性规范，是依法治校；理性力量主要是依靠教育理论与实践，是科研兴校；道德力量则是依靠人格魅力征服全校。显然，校长们依靠"理"与"情"要多于依靠"法"，而恰恰"法"更能对学校产生持续影响力，为学校可持续发展提供可靠的制度保障。

治校崇尚"制度第一，校长第二"，就能给学校带来生机和活力。那么，什么是现代的、科学的、理性的学校规章制度呢？学校规章制度是学校以条文的形式，对学校成员在工作、学习和生活中必须遵守的共同行为准则作出的规定，是师生员工日常行为的基本规范，是学校实行民主管理、人文管理的基础，对建设良好的校园文化、提高学校管理效率有着重要的作用。学校规章制度的建立，是学校管理规范化、科学化、民主化水平的重要标志，也是学校办学宗旨、办学理念、学校精神及价值观的体现，是学校开展各项工作的依据，是学校持续发展和创办一流学校的制度保障。

"依法治校，以德立教，按章程办学"是学校管理工作缺一不可的三个方面。"理性的思路，刚性的管理，柔性的服务，和谐的激励"既是学校的治校策略，也是构建新的现代学校制度的出发点。那么这个"新"与以往的"旧"

最大的差异在哪儿呢？我的回答是，根本区别就是更关注人的生命质量，而在方法上则更加理性。学校规章制度的建立，应以现代管理观念和教育科学理论为指导，以调动和鼓励学生的积极性为目的，将先进性和现实性相结合，原则性与灵活性相结合，力求实现理论与实践、继承与创新、自律与他律的有机统一。

以"场"化人，学校精神文化——学校发展之魂

学校精神文化是指学校师生员工群体的思想意识、舆论风气、心理素质、人生态度、价值取向、精神风貌。它是校园文化的核心和灵魂，是校园文化的最高层面。

精神文化是学校在发展、创新过程中逐渐积淀、整合、提炼出来的，反映学校师生共同的理想目标、精神信念、文化传统、学术风范和行为准则等价值观念体系和群体意识。

精神文化内隐于校园人的观念形态之中。这些观念形态主要包括价值观、道德观、教育观、素质观、审美观、人生观、世界观等。其中，居于主导地位的是价值观。对学校的领导者，特别是校长来说，教育观和素质观非常重要。学校领导的教育观和素质观直接关系到学校办学方向和办学水平，直接关系到制定什么样的学校规章制度、造就什么样的教师队伍、培养什么样的学生、追求什么样的教学风格、创建什么样的办学特色、配备什么样的硬件设施、树立什么样的教师典型及学生模范、倡导什么样的办学精神等。

学校精神文化的外显形态复杂多样，从广义的外显层面看，有物质层面、制度层面、行为层面、活动层面等。学校的物质文化、制度文化、行为文化都可以说是学校精神文化的外显形态。鉴于学校精神文化有内隐和外显两种形态，内隐形态是地下的根，外显形态是地上的花和果，因此在学校精神文化建设过程中，应力避机械整合、僵硬规定，努力实现学校精神文化内隐形态与外显形态的辩证统一和有机结合。

学校精神文化包含的内容十分丰富，主要有办学的价值观、思想理念、目标、宗旨、方略和特色，学校精神、校训、校风、教风、学风等。其中，办学的价值观、思想理念、目标、宗旨、方略和特色，体现了学校的办学原则、目

的意义和鲜明个性，是学校全体成员一致赞同的关于学校存在意义的终极判断，也是对社会的宣言书，它既要体现办学者高瞻远瞩的战略眼光，又要体现具体运作中的战术可操作性。学校精神是学校在长期的教育实践中，为谋求发展而精心培育并与学校的个性相结合而形成的一种主导意识，它体现了学校群体成员的共同理想和价值取向，是学校精神文化的灵魂。校风、教风、学风是学校精神文化的中心内容，是社会考察评价学校的基本着眼点。校训是学校精神的集中体现，是对全校师生进行训育、激励的信条和法典，具有至高的权威性。

以"行"化人，学校行为文化建设——文化建设的归宿

行为文化是学校的教师与学生，在教学管理与学习锻炼中用实际行动来体现和实践的校园文化，是校园文化建设的目的和归宿。行为文化强调"人"在校园文化中的地位，教师和学生是行为文化的主体。行为文化是校园的"活文化"，是校园文化的晴雨表，是所有文化的总折射。它是师生员工在学校学习、工作和生活的各种行为中所表现出的精神状态、行为、规模和文化品位，是学校精神、价值观和办学理念的动态反映。学校行为文化是学校办学理念融入师生员工血液里的过程和外化，是学校育人活动中最直接、最广泛，也是最深刻的部分。

行为文化很具体，常常表现在校园人的语言、行为、活动之中，看得见，摸得着，也常常能感受到其背后的思想与精神。那么，到底哪些可算作学校的行为文化的表现呢？

其一，常规。常规是学校比较流行的词汇之一，顾名思义就是经常要遵守的规范。具体来说，有宿舍常规、学习常规、教学常规。按周期不同，有一日常规、一周常规、学期常规、一年常规、三年常规甚至到一生常规。常规可分显性与隐性，除明确规定的制度外，学校文化中也存在着诸多隐性常规，常表现为经常遵守的行为习惯。

其二，礼仪（仪式）。宗教有仪式，学校也有许多仪式，如升旗、开学典礼、毕业典礼等。其实课堂教学开始时的"同学们好""老师好"也是一种仪式，只是天天喊，好像也没有什么新鲜感与神圣感了。对于仪式的设计、组织、重视，让仪式成为神圣的过程，也是一种教育。

其三，例会。学校的例会很多。每月有全体教师参加的例会，另外还有办公会议、校务会议、学术会议、班主任会议、备课组会议、教研组会议等，对于会议的主题、参加人员、交流方式等都需要精心组织，这样，例会才不至于流于形式。

其四，共享。共享可以看成一种行为，如资料的共享、文档的共享、试题的共享、课件的共享。伴随着共享行为的发展，团队与团队文化也一并形成。在团队内部倡导共享、实践共享也应该成为文化建设的一部分。

其五，活动。人的存在方式表现为多种多样的活动，学校也常有许多活动，但是搞不搞，搞什么样的活动，重视到什么程度，怎样组织活动等，其背后总有着一定的理念、愿景。

其六，教风、学风、作风是学校教师、学生和管理工作者行为的集中体现。

教师的行为规范具有主导校园行为文化的重要作用。教师行为文化无小事，事事都育人；教师无小节，时时都育人。所谓"学高为师，身正为范"，在一定程度上说，老师就是学生心中的榜样，就是学生的领路人，教师的一言一行，对待问题的态度和面对生活的心态等，都可能深深地影响学生。一个微笑或一个责怪的眼神，一声鼓励或是一句不经意的批评，折射出的都是一个教师的行为文化。行为文化基本成为教师的行为习惯之后，久而久之就内化成了教师的思想品质，最后所呈现出来的就是一种新生的行为文化，并形成为校园氛围。

学校环境文化、精神文化、制度文化和行为文化，四者和谐统一，相得益彰。以学校环境文化为校园文化建设的基础，以学校精神文化为校园文化建设的核心，以学校制度文化为推进校园文化建设的保障，以学校行为文化为校园文化建设的成果和外在表现。学校文化的形成离不开制度。文化形成制度，制度强化文化。环境文化是学校精神文化、制度文化的载体，是教育思想的标识，是办学理念的集中反映。教师、学生置身于富有人文气息的校园里，必然会内鼓士气，外树形象，凝神聚力，铸魂育人，实现学校环境文化、制度文化、精神文化和行为文化的有机统一，最终助推学校可持续发展，实现文化育人。

激情办学：追求有生命温度的教育①

担任校长 26 年，我始终秉承"人本教育"理念，坚持尊重人、理解人、发展人，把学校视为师生实现生命意义的"生命场"，师生尽情施展才华的"赛马场"，校长、教师、学生追求校园美好生活的"幸福场"，坚持办有生命温度的教育。

回归原点：站在孩子的角度思考教育②

新文学校办学有点不一样。

老师和孩子们一起排队就餐，每天大课间和文体活动一起参加跑操、跳绳，转呼啦圈、打篮球、打乒乓球等。

考试邀请家长来学校巡考，考试试卷要求学生带回家接受家长的检阅。家长可以到教室听课，到食堂检查伙食质量。

练书法、唱红歌、诵经典、讲故事、看《新闻联播》，也许在一般人看来这些安排与学习，尤其是与考试无关，但新文坚持每天将这些项目纳入固定的课时进入课表，从来没有间断过，每个月还要进行考核，每个学期还要进行专场汇报展示。

……

如此种种"怪现象"都与新文的教育追求息息相关，那就是办学以来一直在探索实践的"人本教育"的理念。

---

① 本文是 2015 年 7 月《教师》杂志记者专访我，对于我的办学主张写的一篇采访稿《追求有生命温度的教育》。
② 刘文章. 追求有生命温度的教育：湖南省浏阳市新文学校"人本教育"实践探索侧记［J］. 教师，2015（25）：11 – 13.

何谓人本教育？简言之，就是要把人真正当人，确立以人为本的教育，将人的潜能开发、能力发展和个性张扬作为教育的根本目标，其实质就是"以学生为本，为学生服务"。

这是一个大胆的创举，这无异于一场教育革命。

2007年8月学校创办之初，首批来自市内外的46名教师在新文进行为期一周的校本培训，当老师们第一次听到我提出"人本教育"这一理念并作出了一些相应要求的时候，有的老师百思不解，有的提出疑问甚至是反对……办学之初，由于无法适应这一理念而先后打道回府的老师不下20人。

有这样两个不太起眼的教育细节，使我和我的管理团队对实施这一教育理念义无反顾。

2008年3月份，学校团委会、学生会和少先队联合召开了一次代表大会（简称"三代会"），会上向每个学生代表发放了征求意见表。没曾想到，很少有人赞扬学校工作的，而是纷纷提出较为尖锐的意见或建议：有的说学校要开放足球场，要增加篮球场；有的说学校要多安排有意义的活动；有的说老师上课不能拖堂……

浏览着来自学生的这些信息，我陷入了沉思：我们一直绞尽脑汁地促进学生成长，但往往只满足了学生的部分需要或部分学生的需要，很少考虑全体学生或不同学生的合理需求；我们很多时候是站在成年人的角度去教育学生，但我们没有考虑到信息时代孩子们的独立意识和维权意识的增强。

还有一件事，同样颠覆着我的思维模式。

和许多学校一样，新文也规定了学生不得乱扔果皮纸屑，不得吸烟，不得穿奇装异服，见到老师要主动问好……尽管学校出台了比较详尽的规范要求并有较为严厉的管理措施，但效果还是不尽如人意。有一天，几个学生找到我论理：学校对我们提出了一些习惯要求，这无疑是对的，但老师能不能也可以不乱扔垃圾，不当着学生面吸烟，学生向老师问好，老师应该有回应或者老师也可以主动问候学生……要我们做好，为何老师不可以先做好呢？

是啊，学高为师，身正为范。要求学生做到的，难道不应该要求老师先做到吗？"敬人者，人恒敬之"，要赢得学生尊敬，老师首先要善待学生，尊重学生的人格。为什么平时我们要求学生遵守日常行为规范的教育效果欠佳？问题就出在我们一直没有站在学生的角度去思考教育，因为我们很少对幼小的孩子投去信任、理解的目光。

由此，我恍然大悟，制定一些"规范"应该以尊重孩子为前提，和孩子共同探讨制定可以做到的规则，教师应该是学生主体发展的引路人、合作者、服务者和共同成长的好朋友。这样，"师道尊严"不可侵犯的传统思维必然要暗淡，民主平等的教育意识必然要增强。

以此类推，管理者和教师对一些教育"常识"有了新的理解：

老师工作很负责，但学生不领情，问题不是学生不懂得感恩，而是有时教师在过度的负责中侵犯了学生的休息权。

学生的作业完不成，是不是学生偷懒？也不一定。也有可能是老师布置的作业过多、过难等。

每天食堂买什么菜？这是不是总务主任、事务长说了算呢？不是，还应该去征求学生意见，在此基础上，根据营养科学的原则，尽量满足学生们喜欢吃的菜。

……

用这种思维方式去思考教育管理，去衡量老师的工作，那么前面提到的种种教育"怪现象"也就不足为怪了。

教师评价：凸显学校的教育追求

有什么样的教师评价，就会有什么样的学校教育。

"人本教育"的理念要转变为学校教育的行动，最重要的就是要大刀阔斧地革新教师的评价。

在新文，评价教师的主动权真正交给了学生和家长。于是，"学生聘活动课老师""开通教育服务热线""学生和家长评议教师"等先后应运而生。

●社团活动：学生和老师的"自由相亲"

开展课外兴趣小组活动，有学生向学校提议，由学生自发组织，自己选择老师，选择课程。我欣然采纳了学生的意见，决定由老师向全校学生推荐自己的课程，再在学校运动场举行一个大型的双向选择会，学生面对教师精心推出的丰富多彩的课程，开始理性地选择课程。于是由学生自己命名的小白鲨足球社、FLY 篮球社、弄墨书法社、雅韵民乐社、精舞社等二十多个社团相继成立，每个社团由学生民主选举团长、副团长、秘书长等。

●服务热线：学生和家长可以投诉的"互动平台"

新文有一个不一样的行政处室，即"质量管理处"。设立这个处室是要把教师教育教学执行权和评价权分开，老师不能既当运动员又当裁判员，让接受教育服务的学生和家长成为评价教师、监督教师的主体，每个学生或家长可以对学校和老师的工作提出建议和要求，可以就学校和教师工作中不满意的地方进行投诉，投诉的形式可以是书信投诉、当面投诉、电话投诉等等，质量管理处会在 24 小时内对投诉的情况进行核实，做到及时收集、整改、反馈。

●教师工作优劣，学生和家长是"裁判员"

学校规定：学生和家长对老师工作好坏有评议权。如果满意率低于 60%，取消该老师全年绩效考核奖，连续两年满意率低于 60%，该老师要待岗或落聘；如果满意率低于 90%，该老师年度考核不能评为优秀。

一石激起千层浪。规定出台后，教师众说纷纭。有的说：学生懂教育吗？学生会不会拿这个评价权来要挟老师？家长会理解老师的工作吗？凭什么要家长对老师的工作说三道四？有的说：如果真要由学生、家长说了算，老师势必会迁就和迎合学生，会不会导致家长牵着学校和老师的鼻子转？

对于老师们的这些担忧，我认为：尊重学生和家长的话语权并不等于学校办学没有自己的主见，教师教学没有自己的个性。事实上，学生和家长不可能把一个差老师评得好，把一个好老师评得差，因为这个评议结果直接与他们孩子的成长息息相关。有位家长说：如果老师工作负责，视学生为自己的孩子，怎么不会投上满意票呢？有位学生认为：有的老师很严格，但我们很佩服，因为他的严格是严中有爱，我们不会因为老师严格，在评议的时候来报复老师。相反，有些老师对我们太迁就，太偏爱个别同学，这样的老师虽然好说话，但对我们的成长不利，在评议的时候我们同样不会满意。

彰显个性：满足学生生命需求

从新文走出去的孩子，不少人有一种感觉——有个性，敢于说"不"。

这种个性是校长和老师们有意"惯出来"的。我认为：只有尊重孩子的话语权，还给孩子童真童趣，培养孩子的综合素质，学生才会有潜能，才会获得更长远的发展。

于是，要确保"三个一"，即让学生在校每天多锻炼一小时，多睡一个小时，多学习一个小时；开设"三门小课"，即演讲、写字、看《新闻联播》；注重"三类教育"，即习惯教育、扬长教育、体验教育，为学生彰显个性提供平台，满足学生的生命需求。

下午第一节课前 20 分钟的演讲课和写字课，致力于培养学生敢说、会说、会写的能力；晚上 7：00，中央电视台的《新闻联播》，也是同学们每日必看的节目；每天上午 40 分钟大课间和下午最后一节文体活动课是学生最开心的时候；每周星期日下午和星期三下午，是学生自己选择的社团活动课时间，是学生欢乐的节日。

体验教育，如"爱心伴你行""五一、十一布置特殊作业""社会实践活动周"等，每一个主题都渗透了管理者对活动设计的深度思考。

把课堂交给学生，把话语权还给学生。于是，课堂自主学习、交流质疑、独立作业成了课堂教学的主要环节，向高效课堂要质量。我一直这么认为：小学、初中教育的重点是习惯养成教育，尤其是小学阶段就像刚插下去的秧苗，还不是拼命施肥的时候。

最近，校长信箱收到一封学生来信。信中说：临近考试了，有一位老师对他们说，你们的大课间活动、社团活动、看《新闻联播》的时间都可以让一让，把精力集中在期末备考上。这个学生提出了自己不同的意见……信的内容说理透彻，措辞适当。看完这封信，我立场鲜明地支持该学生的意见，并将这封信在全体教师大会上宣读，同时要求把这封信放在学校档案室珍藏保管起来。

其实，在我看来，孩子有主见，活跃一点，敢于说"不"，正是教育应该追求的目标。我最心仪的教育就是：提供适合孩子的教育，追求有生命温度的教育。

砥砺前行：我与新文的故事①

我在公办学校工作了 15 年，在国有民办学校工作了 4 年，都是在初中学校工作。经历告诉我，当初中校长很难实现自己所求的办学目标。我最感兴趣的是管理一所九年一贯制学校，实现自己治校育人的梦想。2006 年 6 月 20 日的一天晚上，董事长张运钗把我叫到了他位于指背冲的家，邀请我到新文学校任校长，这一梦想终于从那一天开始实践了。

筹建的三百天

2006 年 8 月 13 日上午，在监事长刘兰平家里，我第一次列席新文学校举办者会议。那一年我从一中教育集团新民学校出来，离开了我和我的团队苦心经营了 4 年的新民学校，筹建会议那一天也是我 40 岁的生日。我感到压力很大，一年的时间，还不知道学校建在哪，设计图纸还是空白，经费也不是很充足……社会力量举办民办学校容易吗？一年后能否按期开学？一连串的问号在我脑中浮现，越想越觉得很离谱。现实告诉我，我没有退路，只能勇敢地往前走。筹建小组由董事长张运钗，监事长刘兰平，甘茂松、李培欣和我共 5 人组成。我的任务是首先参与征地拆迁，征地拆迁结束后负责联系规划和建筑设计，负责建设过程中报建手续，拿到建筑施工许可证。征地拆迁这一关拼的是劳力和智慧。学校征地采取的方式是在关口办事处指导下直接向村民征地。每天要和村民召开不同形式的座谈会，走访村民、开会到深夜是常事。功夫不负有心人，在董事长、监事长带领下，我们日夜加班，两个月内完成了 208 亩的征地任务。规划设计中，我带着设计师，顶着烈日，拿着测量仪，在 4 个荒山跑来跑去，

---

① 2017 年 10 月 6 日，新文建校 10 周年校庆日，要求每位老师校庆前写一篇《我与新文的故事》。9 月 28 日晚上，我从校长视角回忆了在新文 11 年中发生的故事，撰此文。

测量的那一个星期，我连续划烂了 4 条裤子和 1 双鞋子。为了赶时间，在设计院和设计师讨论图纸时常通宵达旦，不知疲倦。记得要在 2007 年元旦前将省级国土部门手续办好，可以节约 200 万元，我和董事长一天只吃两餐饭，蹲守省国土局两天两晚，硬是赶在 12 月 30 日把手续办好了。奠基典礼简单庄重，很有仪式感，我一个人既要写对联、布置场地、组织安排人员，又要接待客人、负责庆典文稿撰写等，忙得不亦乐乎，白天跑工地、跑部门，晚上就挑灯伏案撰写文稿。要拿到建筑施工许可证，完成报建手续，需要跑将近 30 个部门，有的部门要跑不少于 10 次才能盖到公章，整个手续办下来，要磨嘴皮，仅公章就要盖近百个，图纸资料一百多斤，凭着不服输的韧性，我用了 3 个月时间，赶在 2007 年 4 月 1 日前完成了所有基建报建手续，拿到了建筑施工许可证。4 月份学校进入设施设备采购高峰期，我又负责招标采购、联系商家、制作标书、邀标评标等。

筹建的一年，是艰辛的，现在不敢想象我是怎么度过的。那一年我骑着小摩托车上下班，有一次边骑摩托边想事，不小心摔倒了，后面一辆大卡车紧急刹车停在我的身后，差点没命了。筹建的一年，我没有尽到丈夫的责任。中秋节后不久，我爱人在隧洞内出了车祸，内脏受伤很严重，我只陪伴她渡过危险期后，又回到了工地上。筹建的一年，我也成熟了很多。学会了如何搞征地拆迁；学会了与很多部门沟通联系的诀窍；学会了看图纸，逼着自己不断地跨界学习，拿到了政府招标采购评审专家证，成了半路出家的建筑人和政府招标采购专家。

艰难办学的前三年

新文学校房子建好后，办学是关键。在筹建的一年里，我每天晚上回家就思考着如何把学校办好。要办学生喜欢、家长满意、教师幸福、社会认可的学校，该从何处入手？学校理念设计、制度设计、办学定位、质量提升、品牌打造等一系列具体的问题总是在脑海中回旋。5 月份正式开始招聘招生。从发招聘公告到组织笔试、面试、考核，700 多人应聘参考，最后择优招聘了 40 名教师，整个招聘方案设计和招聘组织工作都是我负责完成。8 月底做完教师培训，老师们准备去教育局办调入手续，被人事科一名工作人员说了一句编制可能没有保障，一下子吓跑了 10 个人。那一天我独自一个人开车去广西阳朔请外教，在半路上接到董事长电话，听到这个坏消息后，我整个人几乎崩溃，把车停在路边，给老师一个一个打电话做工作，但该走的还是走了。民办学校教师的安全感、归属感怎么保障？这一风波给了我很大的触动和启示，我要争取举办者支持，让新文教师按时拿到薪水并不断提高，让新文教师没有后顾之忧，让新文教师有职业尊严感、幸福感和成就感……

开办第一年，招生更难。房子环保问题、师资问题、管理问题等都是家长很关心的问题。2007 年 6 月份，我们的招生宣传铺天盖地，招生广告发到了车主、店主，我开车跑遍了全市各个乡镇的幼儿园和完小，进不去学校就在校门口守着直到放学，发宣传单、做学生工作等，第一年在老师们大力支持下，8 个年级招了 14 个班，540 名学生，有的班级不到 20 个人。前三年，招生只有学生选择学校权，没有学校选择学生权。

学生到了学校，把学生教好，赢得学生和家长的口碑，这才是后续招生的宝贵财富。刚组建的学校，干部和教师需要磨合，需要培训提高。开办的前三年，我每周坚持在学校住 2 个晚上，晚上起来检查保安、生活老师是否坚守岗位，我每天晚上巡查两次，帮学生盖被子等；和班主任一起家访，有时一天开车跑 200 公里山路；和老师们一起扛桌子、种树、打扫卫生等；每个月组织干部教师培训，让干部和教师熟悉民办学校理念，了解民办学校优质服务流程。第一年面向家长无记名测评，家长对学校满意率达到了 90%，第二年招生倍增，达到 1200 多人。

开办的前三年，管理难，因为干部教师不熟悉民办学校要求；教师难，因为民办学校工作很辛苦；招生难，因为家长一下子很难了解和认可学校。这三年，我考验了自己的耐心和毅力，更考验了自己的学识、方法和智慧。

质量提升的六年

2011 年 7 月初，新文的初三中考仅有 3 个全 A，七、八年级参加全市联考，大部分学科在城区位居中等偏下水平。这个质量，自己不满意，家长不满意，学生出现流失高峰，招生再次陷入被动。暑假期间，我们组织干部在大围山封闭开了 3 天会议，做出了教育教学重心下移的重大决定，出台了"围山共识"，进行了管理机构重组和优化，提出了"质量夺冠"的三年目标。我主动请缨前移到教学质量提升的前沿阵地，既当指挥员又当战斗员。董事会对我下达了"死命令"——教学质量一年初见成效，三年夺冠，完成不了目标，引咎辞职。在专家指导下，我和老师们每天研究学生、研究教材、研究课堂，一年听课超过100节，每年和教师一起参加教研活动30余次，每年找学生谈话200人次以上，和班主任老师一起家访，狠抓教风、校风和学风，讲究教学策略和方法，向课堂要质量。将"精讲精练，练在当堂"作为优质高效课堂范式，质量意识提高了，老师们潜心教学，学风变好，教学质量逐步提高。2014年6月份，我在不安中度过每一天，提前准备了引咎辞职报告。7月3日，中考成绩揭晓，初三全A38个人，全A比例以微弱优势位居第一。我当晚睡了一个好觉，那一份辞职报告也一直私藏着。质量提升了，信心提振了，能力也提升了，从此，每年中考和联考，不需要在焦急中等待了，2017年中考，在没有把全部教学力量集中在初三情况下，初三中考同样全面夺冠（全A比例以较大优势领先，六个学科有四个学科第一，其余的为第二），学科竞赛优势明显，学科前千分之一占了全市的43%；同时，初一、初二联考也夺冠了。随着夺冠持续稳定，质量品牌得到了家长的认可、社会的肯定，2017年招生出现了一位难求的局面。

质量是学校生存和发展的生命线，抓质量就是抓发展。我做校长更像做老师，老师要完成的工作，我一项都不会少；老师不要想和不要做的工作，我都要去做。

在新文11年，我已过天命之年，看到当年我种植的4棵樟树现已成为合抱之树，感到很欣慰；看到年轻老师在不断成长，我感到很高兴；看到学校各项工作捷报频传，我感到很自豪。本该歇歇了，把不足的睡眠补回来，把没有休息的时光夺回来，把对家人缺少的关爱补回来……然而，这一切只能想一想，为了学生，为了老师，为了新文，我只能不忘初心，砥砺前行。

第九辑 向上生长，从校长到名校长

抱团取暖：名校长工作室的生命活力①

我一直行走在名校长成长的征程中。2008年9月，被评为浏阳市第二届名校长；2011年3月，被评为湖南省首届民办学校优秀校长；2014年8月，被遴选为湖南省未来教育家培养对象；2017年1月，申报成立浏阳市第一个初中名校长工作室；2017年9月，被评为长沙市优秀校长；2017年11月被遴选为湖南省教育家孵化对象；2018年9月，被评选为长沙市首届名校长；2018年12月，被评为浏阳市首席名校长；2017年1月至2022年12月，主持全市初中校长工作室，我所在工作室第一个连续六年被评为优秀名师工作室；2021年7月，被聘为湖南省第二届中小学卓越校长领航工作坊坊主……

面对教育改革的浪潮与日益复杂的教育环境，单打独斗已难以满足新时代对高质量教育的需求。"抱团取暖"，这一原本寓意在寒冷中相互依偎以求生存的智慧，在我从校长到名校长成长的征程中，特别是名校长工作室的平台上，成了推动教育创新、促进教育均衡发展的重要路径，展现其独特的魅力与价值。

我主持初中名校长工作室两届六年，先后有56所中学160名校长学员参加。工作室理念是抱团、创新、共赢、发展；工作室室训是沉下去实践，跳出来思考；工作室作风是务实、求真、担当、创优；工作室目标定位为：做儒雅睿智的校长、办品位高雅的学校；工作室愿景是抱团取暖，培养出一支具有先进教育理念、科学管理水平、良好师德修养、厚实专业素养、较强管理创新能力的有教育家情怀的骨干校长队伍，推进成员学校现代学校制度建设，助推成员学校走特色发展、品质发展、持续发展之路；工作室策略是重视学术引领，

---

① 本文是2022年12月我在全市名师工作室经验交流分享会上的发言稿，原标题《名师工作室建设的"道"与"术"》，内容略有删减。

立足管理实践，关注育人成果，以现代学校制度建设为核心，以教育科研为载体，以学校特色发展和品牌创建为抓手，充分发挥名校长的引领、示范和辐射作用；工作室确立了四大研修主题，即校长修炼修为、现代学校治理、学校质量提升、学生核心素养。

2016年，刘文章初中校长工作室成立，刚走上校长岗位的我，有幸成为工作室的学员。六年来，在工作室的培养下，我从双狮坪中学走到社港中学，走到了荷花中学。一路走来，我遇到了比我优秀的人，遇到了使我优秀的人，遇到了愿意和我一起优秀的人！今天，我虽然接过校长工作室首席的接力棒，我依然还是那个年轻的学员。有幸靠近首席刘文章校长，以及顾问团队、名师团队成员，与名师对话，洗涤了我的心灵；有幸得到了首席、顾问和名师团队成员六年的陪伴和指导，他们优秀却不带优越感，明亮却不刺眼，让我仰慕，同时又能给我能量。工作室丰富多彩形式多样的活动，让我有机会到过28所兄弟初中参观学习，不断更新着我的教育理念、教育思想，更坚定了我的教育初心。

——摘自名校长工作室学员，第三届名校长工作室首席周润松的感言

名师工作室充分发挥主观能动性，立足学校治理、课堂教学、质量提升等，扎实有效地开展各种研训活动，如章程建设、学校管理、队伍建设、政策研讨、教学交流、专家讲座、读书汇报、在线交流、外出考察、送教下乡、区域校长高峰论坛等丰富多彩的研培活动。工作室通过浏阳教育网站上的名师工作室网页、《名师》专刊、微信公众号等传播最新的科研信息和研究动态，为校长们提供了丰富的教育教学资源，通过专家引领、内外联动、读书分享、论坛峰会、诊断研修、驻点研修、课程驱动、结对共建等方式，开展送教下乡、名师大讲堂、公益讲座等活动，服务乡村学校，服务广大师生家长，展示浏阳名校长工作室名师团队的群体风采，助力教育强市。

名校长工作室彰显生命活力，因为校长室团队成员理念共融，碰撞思想的火花。这是一个开放包容的交流平台，让来自不同背景、有不同特色的校长们能够坐在一起，分享教育理念与治校方略。在这里，没有绝对的权威，只有真诚的交流与思想的碰撞。通过定期的研讨会、论坛、工作坊等形式，校长们围

绕"核心素养""学校治理""创新教育""双减""五项管理""质量提升"等热点话题展开讨论，不断吸纳新的教育理念，实现自我超越与理念共融。这种跨越学校界限、超越地域阻隔的交流，不仅开阔了校长们的教育视野，也为学校发展注入了新的活力与可能。

名校长工作室彰显生命活力，因为校长室团队成员携手探索，实践同行。名校长工作室鼓励成员学校将先进的教育理念转化为具体的教学实践，通过校际合作项目、联合教学、互访观摩等方式，共同探索教育改革的新路径。例如，工作室驻点学校，深入课堂，开展诊断式研修，从各个学科的核心素养出发，指出从"教书"到"育人"的超越需要树立课程意识、促进深度学习、优化教学设计，在课堂教学中实现学生发展核心素养与学科核心素养有效融合。导—教—学—练—展—评等流程，明晰了为学科核心素养而教的路径与策略。驻点学校聚焦于"课程体系建设"，通过共享优质课程资源，以省级课题推动方式，丰富学生的学习体验，培养学生的核心素养；驻点学校聚焦"双减政策""评价改革""五项管理"等，联系学校具体实际，探讨新政策如何在学校落地生根。

名校长工作室彰显生命活力，因为校长室团队成员通过打破壁垒的共赢之道，实现资源共享。名校长工作室充分利用自身优势，积极整合校内外资源，包括教育信息资源、教学设施资源、人力资源等，形成开放共享的资源池，成立校长俱乐部，建立教育资源库、搭建在线交流平台等，实现资源的快速流通与有效利用。这种资源共享的模式，不仅解决了部分学校资源匮乏的问题，也促进了教育资源的优化配置与高效利用，实现了共赢发展。

名校长工作室彰显生命活力，因为校长室团队成员通过携手应对挑战的智慧，实现难题共解。名校长工作室作为教育领域的智囊团与先锋队，积极承担起解决难题的责任。面对教育改革中的瓶颈问题、学校发展中的实际困难等，工作室成员集思广益，共同研究解决方案，如通过案例分析、专家咨询、实地调研等方式，寻找问题的根源与解决之道。这种难题共解的合作模式，不仅增强了校长们应对挑战的能力与信心，也为推动教育改革与发展贡献了智慧与力量。

名校长工作室彰显生命活力，因为校长室团队成员实践探索出"七环"

（"七环"，即研修背景分析—确定研修主题—设定研修目标—设计研修流程—研修前衔接，研修中导、议、展、评等—反思提升—研修后行动跟踪等）、"七步"（"七步"，即承办学校领导致辞—主持人公布议题—听评课—分区域小组讨论—区域讨论成果分享—与会上级领导讲话—首席微讲座等）研修模式，名校长工作室让每一个学员学有所获、学有所思、学有所悟。经过六年的共同努力与探索，形成了独具一格的"五结合"研修特色，即首席领航与团队协同结合，建立首席—名师团队—工作坊—结对帮扶等协同研修体；普及与提高结合，研修活动面向所有学员，难点研讨面向名校长俱乐部成员；聚焦重点、热点与难点结合，重点为质量提升，热点为"双减"政策，难点为学校治理；形式与内容结合，每次活动有方案、有主题、有案例、有互动、有点评、有总结、有报道等；集中研修与诊断式研修结合，集中研修方案设计与研修流程"双七"模式，诊断式研修问卷与调研报告成果并举。

我曾经看到一句颇具真理性的表达："我们坚持做一件事情，不是因为它能改变什么，而是因为它是对的。"坚持不懈做正确的事，专注于有价值的事情，终成性格，终有收获。实践证明，名校长工作室从成立开始，充分发挥了工作室的示范、辐射和引领作用，达到了资源共享、团队合作、全员提升的目的，培养了一批又一批师德高尚、造诣深厚、业务精湛的职业校长，在学校管理各个方面都演绎着生命的精彩，助力更多的校长成为先进理念倡导者、学校优质发展规划师、教师专业发展促进者。

深耕课堂：校长永远姓"教"①

我担任校长 26 年，平时工作精力的 50% 以上是在深入教学、研究教学、领导教学。先后担任过初中英语、政治教学，在教学中和老师一起按要求制订好教学计划，做好备课、上课、辅导、作业批改、试卷讲评等教学常规工作，和老师们一起听课、评课，研究课程，研究教学，研究课堂。在担任市政府专兼职督学 8 年、名校长工作室首席校长 6 年间，我坚持每年听课 100 节，和老师探讨交流课堂教学 100 余人次；以"教师，为核心素养而教；学生，以学为中心"作为教学理念，建构了"情景导入、目标导航、问题导学、思维导向、练测导固"的新授课"五导"课型、"忆、梳、析、测、评"的复习课"五环节"课型、"引、纠、晒、评、练"的试卷讲评课"五步"课型；为老师做课堂教学方面的讲座 100 余次；指导湘西州保靖县夯沙学校从课堂教学改革入手，向课堂要质量，让一所连续十年中考教学质量排在全县倒数第一的农村学校，一跃成为全县中考质量前三的学校……

2024 年 8 月，我放弃市师训教研员岗位，毅然回到一线教书，走近学生和年轻老师。不管是名校长还是特级教师身份，深耕课堂，永远姓"教"，一直是我的不懈追求。要姓"教"，就要始终深入课堂、研究课堂、思考课堂、领导课堂。

对于这个命题，我的思考是：学校的中心工作是教学，教学的核心环节是课堂，课堂的高效是提高教学整体质量的关键，没有课堂的高效就没有师生的幸福感，建立优质高效课堂教学体系，校长需要深入课堂、研究课堂、思考课堂和领导课堂。

---

① 2017 年 1 月，初中校长工作室成立之初，我向全体初中校长发出"深耕课堂，向课堂要质量"的倡议书，本文为倡议书内容，略有删减。

课堂是学校教学工作的核心环节。这是因为以下几点。

其一，课堂是实施教学的主渠道。教学的主要环节分为课前、课中、课后，而课堂教学是教学的主要实施阶段，是教学的核心环节。

其二，课堂是教师和学生成长的主阵地。课堂主要由教师和学生这两个要素构成。教师在每一堂课的教学中，实践教育理念，实施教学策略，展示教育智慧；在对每一堂课的反思中，积累实践性知识，提高专业素养，促进专业发展。课堂是教师的立业之本、建功之地。课堂也是学生发展成长的主阵地，他们在这里汲取知识，学习技能，锻炼思维，培养情感、态度、价值观，获得进步与发展。因此，我们经常说："三尺讲台维系着教师的生命价值，课堂质量关系着学生的素质水平。"

其三，课堂是课程改革的主战场。在课改实践中，我认识到：课改的成败在课堂。文本课程要转化为真实的实施课程，落脚点在课堂；教育理念要转换成教学现场可以实际操作的策略、方法，落脚点也在课堂；课程再丰富，理念再先进，没有课堂教学的有效实施，就不能真正落到实处。因此，课堂教学是学校教育最基本的形式、最主要的渠道、最核心的环节。

校长姓"教"，就要深入课堂，加强领导，这是校长核心的工作主题。对于校长到底是教学和课程建设方面的领导或专家，还是巧于平衡学校各项工作的"经理"，我的观点是，校长应该加强对课程建设的领导，尤其应该深入课堂，并以课堂为轴心，加强对教学工作的领导，实现办学行为的优化。深入课堂，领导课堂，是校长正确决策的前提。课堂能反映出教与学的现状，蕴含着丰富的信息。校长进入课堂，可以深入了解教师的教育理念、教学行为、教研文化、经验和不足、困惑和困难，以及改革要求与教学现状的差距、先进教学理念与传统行为的落差，了解学生的学习现状和需求，了解学校管理的运行现状等，掌握来自一线的真实情况，以便站在新的高度，从新的视角，对学校工作作出调整，形成新的规划，从而对学校教学发展作出及时、科学、正确的决策。

校长姓"教"，就要深入课堂，研究课堂，思考课堂，这是校长引领课堂价值取向的根本。课堂教学中有具体的、活生生的、情境化的教育事实，校长通过对教学现场的观察，获得课堂教学领导的话语权，并从事实层面（教什么）、技术层面（如何教）、价值层面（为什么）作出指导和引领。其中，价值思想的引领是首要的和最为重要的，价值思想缺席，教学工作就会缺乏灵魂。唯有真切把握教学中的问题、困惑和需求，找出制约课堂教学高效的因素，并在此基础上，研究和完善教学管理的目标、过程、方法，制定和修改教学管理措施、规则和制度，才能充分运用管理手段，增强课堂教学的有效性，提高教学质量。因此，校长要把握教学改革的价值思想，关注教师教学行为背后的教学理念，鼓励和指导教师用先进的理念在课堂中进行创造性的教学活动，科学地引领学校的教学工作。

校长姓"教"，就要结合线上与线下教学优势，探索混合式学习模式：利用信息技术手段，如在线课程、微课、虚拟实验室等，丰富教学资源，拓展学习空间，提高教学效率；构建科学、全面、可操作的教学质量监控体系，包括教学检查、学生评教、同行评价、教学反思等多个环节；通过定期收集、分析教学数据，及时发现并解决问题，持续优化教学过程；根据学生的兴趣、特长和学习需求，开展个性化教学；通过分层教学、选课走班、个性化辅导等方式，满足学生的多样化发展需求；建立学生成长档案，记录学生的成长轨迹和进步情况，为教学改进提供依据；加快智慧校园建设步伐，利用大数据、云计算、人工智能等现代信息技术，优化学校管理和教学流程，提升教育信息化水平；构建数字化教学环境，实现教学资源的高效整合与共享，为师生提供更加便捷、智能的学习和工作平台。

多年来，我深耕课堂，从事管理课堂、研究课堂、领导课堂的实践探索与思考，积累了一些较为切合实际的经验做法，在新课改实施中收到了一些实效。对于教师的专业成长，尤其是教师课堂教学水平提高起到了一些引领作用；对于减轻学生课业负担，规范教学行为，提高教学质量发挥了积极作用。实践证明，校长深耕课堂，永远姓"教"，是对教育事业最深沉的热爱与责任的体现。在这个过程中，校长不仅是规划者、组织者，更是实践者、示范者，校长唯有永远姓"教"，深入课堂、研究课堂、思考课堂、领导课堂，才能提高教学思考力和领导力，才能树立校长非权力影响力，全面提高教学质量和办学水平。

素养导向：培养真正的人①

生活中不乏这样一种现象：一个优秀的孩子，小时候既会读书，又会弹琴跳舞，还会画画，长大了，初中高中都是前几名，高考考上国内外名校，然后读研究生、博士生，参加工作后 40 岁升到副处级，45 岁到正处级，然而不到50 岁就进了监狱。曾经的老师、年老的父母感叹道：我的学生、我们的孩子怎么了？怎么会出现这种情况？这种现象不是个案，在反腐肃贪的今天真的还不少，我们反思一下，这样的教育、这样的结果是我们所需要的吗？在办学实践中，我们越来越感觉到我们的学校教育不缺分数，但缺素养；不缺技术手段，但缺育人之道。柏拉图说：教育非他，乃心灵的转向。往哪转呢？引导孩子转向分数、才能、才干还是本事？都不是，而是转向心灵。我们要培育健全的人格，培养全面发展的人，追求分数之上的教育。

在新文，我们的育人目标体系概括为"三四五六"，共 18 个维度。一是三敬三品三雅，即尊敬老师、孝敬父母、友爱同学；道德品质、精神品质、意志品质；气质优雅、举止文雅、品位高雅。二是具有四大优势，即基础文明素养优势、学科基础扎实优势、个性特长优势、可持续发展优势。三是具备五种特质，即高远的志向（有追求、树目标、敢超越）、智慧的头脑（敢质疑、能探究、厚积累、善运用）、灵巧的双手（勤动手、爱实践、有特长）、良好的习惯（讲文明、能自律、勤学习、爱劳动）、有品位的谈吐（有教养、有情趣、善交往、知礼节）。四是锤炼六种能力，即社会生存能力、实践探究能力、交往合作

① 2016 年学生发展核心素养由北京师范大学提出，我结合学生发展核心素养有关指标，联系新文学校办学实际，对如何让核心素养在学校深入实施，感悟颇深，撰此文发表在 2017 年《中小学校长》第8 期（总第 232 期）。参见刘文章. 聚焦"核心素养"，培养真正的人：学生发展核心素养在学校落地生根的实践与思考［J］. 中小学校长，2017（8）：62－65.

能力、信息处理能力、创新能力、抗挫折的心理承受能力。纵观这一育人目标体系的 18 个维度，与学生发展核心素养细化的 18 个基本要点真可谓是无缝衔接，不谋而合。

学生发展核心素养能否在学校落地生根，关键在于学校教育过程中，通过怎样的教育方式、教育手段，把学生培养成什么样的人。新文学校坚持以"为未来而教"办学理念，致力于培育"身心两健、德智两强、全面发展、学有所长"的具有健全人格的真正的人。我们从三个层面进行顶层设计和实施：一是低位运行——培养学生良好的习惯；二是中位拓展——德育活动品牌化、课程化，改进课堂教学，挖掘学科核心素养；三是高位引领——以人为本，引领学生向善、求真、盼美。

教育就是培养习惯的过程。新文学校重点培养学生生活习惯、文明礼仪习惯和学习习惯。习惯教育需要按照知、情、意、行的路径有目的、有计划地由浅入深、系统长期地训练和养成。在制定习惯细则和要求时，先行开展访谈、问卷、调查，了解学生认为哪些习惯需要训练养成，哪些习惯暂时通过努力也不容易养成等，在此基础上确定学生习惯养成细则并展开讨论，如为什么要养成这些习惯？养成这些习惯对人的一生有何益处？在养成习惯过程中遇到的困惑有哪些？这样动之以情，晓之以理，让习惯养成变被动为主动，最后将确定下来并通过研讨的习惯编印成《新文学生养成教育手册》。养成教育手册分为生活、学习、礼仪三大类，按不同年级分不同学期，每周确定一个习惯养成目标。学校还从习惯教育细节做起，找准切入点来训练。如生活习惯从学会吃饭做起，学校吃饭是自助餐形式，要求排队就餐，自主选菜，不得浪费，不得大声喧哗等，这样培养了学生讲秩序、讲节约、公共场所讲文明等良好品质。文明礼仪习惯从主动问候开始，问候时鞠躬问好，大声问候，态度虔诚等，让人感觉学生彬彬有礼，落落大方。学习习惯的养成，高低年级学生不尽相同，低年级学生从整理学习用品开始，每天有 10 分钟整理课，让学生上完一天课，整理自己书包、课桌、笔记、书籍等；高年级学生要逐步养成独立做的习惯、认真听的习惯、善于问的习惯、勤阅读的习惯、大胆想的习惯和仔细检查的习惯等。在习惯教育上我们坚持标准从严、要求从严，重点抓、抓重点，反复抓、抓反复，让学生在一个学年内基本形成养成手册上需要达到的习惯要求。对从新文毕业的孩子，家长和社会都普遍认为：新文的孩子不一样，讲文明、守规矩、礼仪礼节好，文明素养高，生活自律能力强，主动关心他人，遵守公共秩序，学习自觉、自主，读书、写字、听课、作业等一丝不苟，训练有素。

2017 年 6 月 18 日上午 11 点，终考铃声一响，没有喧哗、吵闹、释放，有的是理性、安静、从容，同学们整理考试用品后安静地走回教室，整理课桌、书籍，打扫教室……这是新文学校九年级毕业生离校的现场。许多家长已经等在教室门外，但许多学生仍然在摆放桌椅，扫地拖地，擦黑板，关窗，断电，就好像下午仍然要来这里一样。将扫把挂在墙上后，小明同学说："今天，我还是新文的值日生，我要最后一次把教室打扫干净，不留下任何遗憾。"在中考离校后的教学楼走廊，没有随意丢弃的纸张，有的是一排排摆放有序的书籍、资料。这是新文学校的传统，建校十年来每届毕业生一直坚持着。

学校活动育人特别注重开展有意义的活动，做到活动品牌化、课程化。学校活动每年原则上由学生自主设计、自主实施，学校只安排 1～2 个项目辅导老师。学校长期固定的品牌项目是"四节两展示"，即体育节、读书节、学科节、社团文化节，经典诵读展示和科技成果展示。以读书节为例，每年一个主题，学生、老师、家长均参与，开展读书比赛、读书分享活动等，营造浓厚阅读氛围，让读书从走廊开始，让阅读成为一种习惯。学校特别注重仪式典礼感染教育，精心策划新生入学仪式、教师节的拜师礼、毕业生的毕业典礼和谢师礼等，让这些典礼仪式成为终生难忘有意义的教育活动。

学校课程丰富，育人的途径才多样，学生成长的路径才多元。课程设置应与学校培养目标相一致。从改革课程体系入手，确保每个学生都能找到自己的兴趣点；立足学生成长需求，符合学生认知规律，尤其关注不同类型学生的成长需要。学校课程围绕"读书"和"做人"两条主线，突出"向善、求真、盼美"的课程价值取向，做到国家课程校本化，校本课程多元化，学科课程和德育课程融合，课程核心知识和核心素养融合。如学校拓展性课程和社会实践课程以社团组织形式设计，总共有课程 78 门，涵盖诗（诗歌、经典）、书（书法写字、经典阅读）、礼（礼仪、传统节日习俗）、艺（管乐、舞蹈、声乐、表演等）、体（象棋、跆拳道、足球、篮球等）、科（小制作、小发明等）六大系列，根据学生认知特点和身心发展规律，分布在不同的学段。每学期开学第一周学生自主选择导师和课程，每个星期有 2 个半天，学生选修这些课程。又如为了培养学生自主发展、社会参与等核心素养，学校设计了系列化的社会实践活动课程。小学突出一个"亲"字。一年级：亲自然——做保护自然"小天使"；二年级：亲父母——做父母的"小帮手"；三年级：亲老师——做老师的"小先生"；四年级：亲伙伴——做与同学合作"小伙伴"；五年级：亲集体——做团队的"小主人"；六年级：亲社会——做一个"小公民"。初中突出一个"学"字。七年级：学军——铸就"自律自强"的人格品质；八年级：学农——培养"勤劳朴实"的公德素养；九年级：学工——树立"报效祖国"的远大理想。对照学生核心素养发展指标，我们开设的 78 门拓展性课程有利于培养学生核心素养中的人文积淀、人文情怀、审美情趣、勇于探究、乐学善学、勤于反思、信息意识、珍爱生命、健全人格、自我管理、社会责任、劳动意识、技术运用等。此外，学校为培养学生理性思维、批判质疑、社会责任、国家认同、国际理解、问题解决等核心素养，还开设了时政教育课，让学生可以每天了解最新的国际国内时政动态，分析时政形势，培养学生关注社会、关注国家、关注世界的习惯。

培养核心素养，除了开设多样化课程外，课堂教学改革创新是重点。课堂由人改变，课堂也改变着人。课改最深层次的改革是改变人。在课堂改革创新路上，我们没有照搬照抄，没有统一的行政命令，只有根据学情、教学规律和学生认知规律，不断探索的过程。通过多年探索，新文学校在小学阶段重点在学习目标、小组合作和语言完整表达三个方面进行创新，培养学生自主学习、合作学习能力，提高学生完整表达的能力，让学生有话说、能说话、会说话，让每个学生从学会，到会学，再到乐学；小学高年级阶段和初中阶段，学校重点培养孩子可持续学习力，关键是培养孩子表达力、观察力、阅读力、创造力等。

各个学科的核心素养有所不同，我们应当有针对性地挖掘并深入培育。如语文学科重在挖掘语言建构与运用、文化传承与理解、审美鉴赏与创造、思维发展与提升等核心素养；数学学科重在挖掘数学的精神、意识、态度与方法等数学人文素养，符号意识、空间观念、几何直观、数据分析、运算能力、推理能力、应用意识等数学核心能力素养，数学抽象、逻辑推理、数学建模、空间想象等数学思维素养等；英语学科重在挖掘学生在语言能力、思维品质和文化视野等方面的核心素养；其他学科如政治、历史、地理、科学等需要重视从学科本位与知识本位中解脱出来，可以设计实验、设计生活化的活动等来挖掘学生的人文底蕴、科学精神和实践创新等核心素养。

实践证明，学校通过科学设计有利于学生成才成人的课程体系，改革创新课堂教学方式，挖掘各个学科的核心素养，尊重人、信任人、发展人，能使学生的综合素养和可持续发展能力得以提高，学生核心素养在学校教育教学活动中自然炼成。

"三让"教育：赋能学生自主成长①

"三让教育"，即让位、让权、让学，是我治校育人的理念，其核心在于充分尊重学生的主体地位，通过合理的权力让渡、空间与机会的赋予以及学习主导权的移交，激发学生的内生动力，培养其自主学习、自我管理与自我发展的能力，探索以生命观、生长观、价值观为主线的新生态教育范式。

让位是一种智慧，一种境界，意味着教师要主动让位于时间、空间和机会，旨在为学生创造更为广阔的成长空间与丰富的发展机会，要求教育者主动退居幕后，让出时间、空间与表现机会给学生，从而让学生在自主探索与成长中绽放独特光芒。

让位给时间，是对学生成长节奏的尊重。教育不是短跑冲刺，而是一场漫长的马拉松。学生需要时间去思考、去沉淀、去领悟。回想自己的学习经历，那些真正深刻理解的知识，无一不是在反复琢磨、历经时间考验后才得以内化的。如今，在许多课堂上，教师开始改变教学节奏。例如，在数学课堂上讲解复杂的几何证明题时，教师不再急于将完整的证明过程一股脑地灌输给学生，而是提出问题后，给予学生足够的时间去分析图形、尝试不同的思路。有的老师会留出 5~10 分钟的时间，让学生们安静思考、小组讨论。在这段时间里，学生们从最初的迷茫，到逐渐有了思路，再到最后的豁然开朗。他们在探索的过程中，不仅掌握了知识，更培养了独立思考的能力。这便是让位给时间的魅力，它让学生的思维之花在时间的滋养下徐徐盛开。

让位给空间，是为学生创造自由驰骋的天地。传统的课堂，教师往往占据主导地位，学生的活动空间和思维空间相对受限，而当我们为学生让位，就会

---

① 2017 年 10 月，学校十周年校庆前，我将办学 10 年来在校内外面向学生、老师、家长等讲话稿近 200 篇汇编成书，并在扉页撰写此文作为卷首语。

发现教育有了更多的可能性。以语文教学中的作文教学为例，有的教师不再局限于课堂上的命题作文、范文讲解，而是将作文教学延伸到课堂外，组织学生走进大自然、走进社会，让学生们去观察春天的花朵如何绽放，去感受菜市场里的人间烟火，去聆听老人们讲述过去的故事。有一位教师带领学生到古老的小镇进行实地考察，让学生们自由选择感兴趣的角落，去探寻历史的痕迹、文化的传承。回到课堂后，学生们的作文不再是千篇一律的空话套话，而是充满了真情实感和独特见解。因为他们在广阔的空间里，有了丰富的体验和深刻的感悟，这些都成为他们笔下生动的素材和深刻的思想源泉。

让位给机会，是为学生搭建通往成功的桥梁。每个学生都像是一粒蕴含无限潜力的种子，需要合适的机会才能破土而出、茁壮成长。在学校的科技节活动中，在机器人制作社团里，教师并不会包办一切，从设计方案到零件组装，从程序编写到调试优化，教师只是在一旁适时地引导、点拨。当遇到问题时，教师会鼓励学生自己去查阅资料、尝试不同的解决方案。在学校的文艺节目表演中，老师也会把舞台的中心让给学生，从节目的策划、排练到最后的演出，都由学生们自主完成。这让许多原本内向、缺乏自信的学生有了展示自我的机会，他们在舞台上发现了不一样的自己，变得更加自信、开朗，也在这一过程中挖掘出了自己在艺术表演方面的潜力。

让位，不是教师的不作为，而是一种更高层次的作为。它需要教师有敏锐的洞察力，能够准确地把握学生的需求；它需要教师有足够的耐心，在学生探索的过程中默默守护；它需要教师有宽广的胸怀，能够坦然地看着学生在成长的道路上偶尔跌倒又重新站起。当教师真正做到让位给时间、空间和机会时，学生们就如同骏马在广阔草原上自由奔跑，雄鹰在浩瀚天空中自由翱翔。

让权，是"三让教育"的重要基石，它意味着教育者要将部分传统意义上的教育权利交予学生，赋予学生自主权、选择权与动脑权。让权于学生，绝非教育者的失职，而是教育智慧的彰显。它需要教育者摒弃传统"师道尊严"的权威观念，以信任与尊重为基石，构建起新型亦师亦友的师生关系。老师要成为学生自主成长道路上的引导者、支持者与陪伴者。

赋予学生自主权，是培养其独立人格与责任感的基石。在班级管理中，尝试让学生参与到班级规则的制定中来。例如，作为班主任，不再单方面地颁布一系列规章制度,而是组织班级会议,让学生们共同商讨班级的纪律要求、值日安排以及奖惩机制。学生们在这个过程中充分发表自己的意见,有的学生提出在值日安排上可以根据同学们的特长和时间进行灵活调配,有的学生则对奖惩机制中的奖励形式提出了创新的想法,如设立"阅读之星""创意达人"等个性化奖项。这样制定出的班级规则是学生们自己参与决策的结果,他们也就会更加自觉地遵守。在学习方面,教师也给予学生自主规划学习进度的权利。比如在英语学习中,教师提供不同难度层级的学习任务和资源,学生可以根据自己的实际水平和学习目标,自主选择先攻克词汇、语法,还是优先进行听说读写的专项训练。这种自主权的赋予,使学生从被动接受管理与学习安排转变为主动参与与决策,在自我管理与自我规划中逐渐成长为有担当、有主见的个体。

尊重学生的选择权,能够激发他们的学习兴趣与内在动力。学校开设了诸如绘画、书法、摄影、编程、足球、戏剧等丰富多样的课程供学生自由选择。有对艺术感兴趣的学生选择了绘画课程,他们在色彩与线条的世界里尽情挥洒创意,从素描的基础线条练习到水彩画的色彩调配,每一步都充满热情与专注。而对科技充满好奇的学生则投身于编程课程,从简单的编程游戏制作到复杂的机器人编程控制,他们在代码的海洋里探索未知。在教学活动中,教师也为学生提供不同的作业形式或项目主题选择。例如在政治教学中,布置关于节约资源、保护环境主题作业时,学生可以选择撰写一篇政治小论文、制作一份手抄报或者排演一段情境短剧。这种选择权的给予,如同在教育的花园里播撒下了不同的种子,让每个学生都能在感兴趣的领域里生根发芽,茁壮成长,使学习不再是一种被迫的任务,而是变成了充满乐趣与期待的探索之旅。

重视学生的动脑权,是培养其创新思维与批判性思维的关键。在课堂教学中,积极改变传统的讲授式教学方法,为学生创造更多动脑思考的机会。在语文课堂的文学作品赏析中,教师不再直接解读作品的主题与情感,而是提出一些开放性的问题,如"你如何理解主人公在特定情境下的选择?""这部作品的结局对你有什么启示?"让学生们深入文本,通过自己的思考与感悟去解读作品。学生们在动脑思考的过程中,会提出自己独特的见解,有的甚至会向传统的解读观点发起挑战。这种动脑权的保障,使学生的思维不再局限于标准答案,而是在思考与探索中不断拓展边界，培养创新与批判的精神，为他们未来面对复杂多变的社会环境奠定了坚实的思维基础。

让学，是"三让教育"理念的核心追求，其目的在于激发学生的学习兴趣，培养其良好的学习习惯与高效的学习方法，使学习成为学生的内在需求与自觉行动。所谓"让学"，旨在促使学生达到"好学"之境，激发其内生的学习热忱；培育"善学"之能，赋予他们高效获取知识与技能的方法；最终抵达"乐学"之境，使学习成为学生生命中充满愉悦与满足的幸福体验。

激发"好学"之心，是点燃学生学习热情的火种。在实际教学中，教师可以通过巧妙设置富有吸引力的教学情境来唤起学生的好奇心与求知欲。以生物课为例，在讲解"植物的光合作用"时，教师可将课堂移至校园花园。让学生们近距离观察阳光下的绿叶，提出问题，如："为什么这些绿色的叶子对于植物的生长如此关键？""它们在看似平静的状态下，究竟在进行着什么神秘的工作？"这样直观且饶有趣味的情境创设，瞬间抓住了学生的注意力，使他们内心充满对知识的渴望，急切地想要探寻答案。这种对"好学"之心的激发，使学生不再将学习视为外在的压力，而是转化为内心深处的自觉追求。

培育"善学"之能，是为学生提供开启知识宝库的钥匙。教师在教学过程中，注重对学习方法的传授与指导。如在英语单词学习中，教师引导学生按照词性、主题等方式对单词进行分类记忆，制作单词卡片，编写记忆口诀等。此外，培养学生的自我反思与总结能力也至关重要。在完成一次测试后，教师可以要求学生认真分析错题，找出错误根源，总结解题思路与方法，记录在错题本上，定期回顾复习，从而不断优化自己的学习策略，提高学习效率。

成就"乐学"之境，是让学习成为学生心灵的滋养与精神的享受。在学校的社团活动与课外拓展中，这一点体现得淋漓尽致。以学校的音乐社团为例，无论是激情四溢的合唱团，还是优雅灵动的乐器演奏组，学生们在音乐的世界里尽情释放情感。他们沉浸于旋律的美妙、节奏的动感之中，在排练与演出的过程中，感受着团队协作的力量与艺术表达的成就感。在阅读分享活动中，学生们围坐在一起，分享自己近期阅读的一本好书。有的学生眉飞色舞地讲述着科幻小说里奇幻的宇宙冒险，有的则深情款款地分享文学名著中细腻的情感纠葛。在这个过程中，思想得以交流碰撞，心灵得到充实慰藉，学习不再局限于枯燥的课堂与课本，而是拓展到丰富多彩的生活体验之中。在户外的地理实践活动中，学生们实地考察山川地貌、岩石矿物，在大自然的怀抱中领略地理知识的奇妙与魅力。他们在探索中收获知识，在发现中感受快乐，真正将学习融入充满乐趣的生活旅程里。

"三让教育"赋能学生，使之逐渐成长为具有独立思考能力、创新精神和自主学习能力的个体，更好地适应未来社会的多元挑战与机遇，为个人的幸福人生积蓄强大力量。

话语体系：名校长的思想传播①

校长是学校的统帅和灵魂，也是学校的象征和代言人，无论是在对内部的管理上，还是在外界交往中都具有绝对的权威。对此，多数校长都有足够的认识，并能认真、积极、慎重地行使自己手中的权力。但是，有一项权力却没有引起应有的重视——那就是话语权。话语权，广义是指说话的权利，是每个人都拥有的权利，也是每个人的自由；狭义则是指政治上的舆论导向权。对于学校校长来说，其话语权不仅是个人的权利，更是学校领导权的重要组成部分。为此，校长必须充分认识自己的职位特点，充分意识到自己的话语对整个学校的影响，加强语言修养，正确、认真、准确地用足、用好自己的话语权，以提高管理效益，促进学校、教师、学生可持续发展，促进学校、家庭与社会的和谐发展。

每个校长都有自己个性化的管理理念和思想。把这些理念和思想准确表达到位，以及通过正确途径和方式表达出来，是校长话语权最重要的内容，将直接影响学校文化和发展方向。为此，校长应当深入思考、反复推敲，尽可能挖掘出能够体现自己思想的管理语言，做到观点正确、鲜明，语言深刻、新颖且有震撼力。

国内某教育权威培训机构对部分省市中小学校长办学思想的问卷调查显示，高达75%的学校存在办学思想同质化、标语化现象，一些校长的办学思想在师生中的认同度较低，感召力不足。校长"话语系统"的雷同，一方面反映出校长对办学思想的漠视，另一方面也反映出校长办学思想的匮乏。

校长如果不能正确对待自己的话语权，就会导致学校行政管理中的两种极

---

① 2024年10月，在集里街道首次"一校一品"建设研讨会上，聚焦"三让教育"主题，我与全体中小学校长一起做了较为深入的思考与交流，这是研讨发言后整理的文稿。

端现象：一种是出现独裁控制型校长；另一种是随意放纵型校长。独裁控制型校长最突出的特点是对师生员工过度关心，不予自由，严而苛求，关心与专制并行，是当前最为普遍的校长类型。在这种管理风格下工作的师生员工，往往谨慎而胆怯，逆反心理重，情绪不稳定。校长与师生员工在感情上也比较疏远，员工比较悲观，性格冷漠，缺少热情。而随意放纵型校长对学校发展缺乏规划，很少对师生员工提要求，很少对师生员工有所限制，让师生员工自由随意地发展，因此学校发展和师生员工发展没有个性。

真正重视校长话语权的校长往往思想前卫，思维活跃，考虑问题富有前瞻性。这样的校长就是开明理智型校长。他不仅对师生员工的一切都非常关注，而且不露声色，倾向合理地引导师生员工的认知和行为，正确、及时且恰当地实行表扬或惩罚。他会给师生员工更多的自主权，会在必要时给出中肯的意见和帮助，给师生员工定出合理的规则，并且以身作则。他也注重与师生员工的交流，交换意见。在师生员工心目中，他既是朋友又是值得尊敬的校长。

语言是生命的表现形式，生命的本质就在于不可复制性，"奄奄无气之文字"背后每每是"奄奄一息之思想"。我从 1994 年担任校长开始，从茫然无知到积累经验，从有一定经验到富有理性，经历了近 30 年。纵观自己的管理历程，由公办中小学校长到国有民办中小学校长再到纯民办中小学校长，剖析管理得失，我终于悟出一个道理：真正要把校长工作做到游刃有余，重视自己的话语权，这是一项十分重要的管理策略。只有通过话语权，才能将自己的办学理念和举措传达到每一个师生员工和每一个家长之中，形成全体成员共同的信念和自觉行动。我十分注重积累自己的话语权，用心通过教职工大会、学生集会、家长学校、升旗仪式、校内外活动、典礼仪式、自媒体媒介等不同场合、不同途径，使用不同的话语方式，宣传、表达和渗透自己的办学思想。每五年，我会把面向学生、老师、家长及社会等不同对象在不同的场合表达的文稿进行阶段性整理，虽不成体系，也没有一定的理论与实践深度，但求反思在学生、老师和家长中是否传递了自己的思想和观点，是否让师生员工和家长了解自己所传达的思想信息且对办学产生了积极的影响。

要培育富有个性、善于创造的人才，就要办好富有个性、鼓励创造的学校，而要办好这样的学校，亲爱的校长们，就请不妨从卸下刻板的话语套装，亮出你自己思想的风采，展现你生命的风范，说出你富有个性的话语开始，建立你自己独特的话语体系。

附：话语摘要

做一名有理性的现代人
——2009 年 2 月 10 日在春季开学典礼上的讲话

作为老师，我们不能忘记我们学校的培养目标；作为学生，我们需要时刻牢记我们的成才目标，那就是做一个有理性的现代人，做一个有智慧的现代人，做一个有世界眼光的现代人。今天，我想在新年开学典礼上就如何做一个有理性的现代人与大家共勉。

现实的"理性人"应为追求正确的价值取向并努力实现自己所定一定程度目标的人。他处理事情和对待事情都很冷静、理智和节制，在不同的场合对待人和事不是意气用事，而是就事论事，表现出来的是一种涵养，是一种风度。"理性人"，没有陋习，没有偏见，没有贪婪，没有恶意，没有惰性，不会心不在焉，不会自暴自弃，不会朝三暮四，不会情绪冲动，不会性格孤僻……

理性人的产生不是天然的，而是要教育出来的。作为在学校接受系统教育的学生，完全有必要使自己成长为一个理性人。

理性人要有理性的精神作支柱：一是理智的好奇心、强烈的求知欲、寻根究底的探索精神；二是批判精神，怀疑精神，不轻信、不盲从、不唯书、不唯上的实事求是的科学态度。

理性人讲文明，讲礼仪，讲安全和秩序。如排队等候公共汽车，吃饭排队不插队，在公共场所尊老爱幼，主动让座，主动帮助需要帮助的人。

上楼下楼、出操、课间活动、上下学路上等都要把安全放在第一位，遵守交通安全、公共安全，绝不开展危险性游戏等。

理性人具有很好的道德风范，养成了良好的道德行为习惯。热爱祖国，诚实守信，礼貌待人，勤劳俭朴，孝敬父母，关心集体，爱护公物，按时到校，不早退，不旷课，坚持锻炼身体，讲究卫生，积极参加学校组织的活动，正确对待困难与挫折，保持心理健康。

理性人注重细节，主动远离不良习惯。细节看起来是一些平凡小事，但对一个人的成长又是大事。弯腰捡起校园内的一片纸屑，听到铃声立即跑向教室，整理好学习用品等，认真做好课前准备，课间不许吃零食，课间操动作要规范，不抽烟不赌博等事情都很小，但都关系到同学们良好的行为习惯的养成。

理性人应当学会拒绝。拒绝欺负弱小，因为我们需要的是对他人的关爱；拒绝顶撞老师，因为我们需要的是对他们的尊重；拒绝逃课偷懒，因为我们需要的是对自己的负责。理性思考、理性拒绝。

……

守望相助，情系玉树
——2010年4月26日玉树抗震救灾倡议书

当祖国西南地区的同胞还在旱灾肆虐的困境中等待甘露时，青海玉树又传来了发生7.1级地震的噩耗。截至4月21日10时，玉树地震遇难人数为2046人，失踪193人，受伤12135人，其中重伤1434人。灾区同胞正在巨大的创伤和痛苦中煎熬。

汶川地震后断壁残垣、布满伤痕的大地还在眼前，玉树地震向人类发起又一次严峻考验。我们的同胞又一次正在经历着丧失亲人、无家可归等我们无法想象的痛苦。我们无法为他们分担这一切，但却有能力给他们一些帮助。一顶挡风的帐篷，一床御寒的被褥，一碗热乎的面条，一句真诚的问候，对于灾区人民来说也许就是希望，就是明天！

灾情严峻，重压当前，我们更要展现中华儿女的坚强风骨！危难之时，我们更应显示出血浓于水的亲密团结！在鲜艳的五星红旗下，我们并肩站立！为了帮助灾区同胞渡过难关，学校党支部、行政、工会、团委、少先队共同倡议：让我们行动起来，发扬中华民族"一方有难，八方支援"的传统美德，向灾区同胞伸出援助之手，积极参与捐款活动，为他们送去关怀、送去温暖、送去光明、送去希望，为玉树抗震救灾工作尽一份绵薄之力！今天，学校举行集中募捐仪式，奉献爱心，大爱无疆。捐赠所得，我们将第一时间通过浏阳市慈善基金会转送到灾区人民手中！

培养仁爱友善的高尚品德

——2014 年 5 月 26 日在首届爱心班级与百名爱心使者表彰活动上的讲话

友善，意为友爱和睦，相与友善，即有道德，德行好，慈善仁爱。友善是一个宗教的、哲学的、伦理学的概念。党的十八大提出了社会主义核心价值观，其中对个人层面就要求"爱国、敬业、诚信、友善"。中国人讲"行善积德""勿以恶小而为之，勿以善小而不为"。与人为善，是公民应当具备的基本道德修养。作为学生，就应该立足当前，从现在做起，从小事做起，积极践行社会主义核心价值观。如爱国可以从认真参加好每一次升旗仪式开始，敬业从勤奋读书做起，诚信从考试不舞弊做起，友善从奉献爱心做起。

雨果说：善良的心就是太阳。一个具有友善品德的人，就是充满光明与和平的使者，会在别人遭遇困境之时伸出援助之手，会对陌生人微笑，会时刻关爱他人，乐于助人，照亮别人，给人以温暖。

我校积极践行友善仁爱的教育理念，让每一个新文人在实践中养成友善仁爱的品德。汶川、玉树大地震，新文人先后三次募捐共 50 万元；每年 5 月助残月，学校举行爱心捐助活动，为特殊学校孩子奉献爱心，提供必要的帮助，今年开始为特殊学校设立聋哑语训康复资助项目；学校会根据不同情况，从学校爱心账户中为家庭意外灾害、重大疾病等需要帮助的人，释放爱心，给人以力量。

高尔基说：人如果没有友善仁爱之心，哪怕有天大的聪明也活不下去。那么，把平时的零花钱捐助出来就是友善仁爱吗？不全是。友善仁爱更多地表现在平时的学习、生活之中，如关心班集体，尊敬老师，积极参加公益劳动，宽容理解他人，乐于帮助人，不斤斤计较得失，等等。学校这次表彰的百名爱心使者，更多的是关注其平时的友善和爱心的表现，友善之德需要靠平时的积淀形成。今年大部分班级都是 100% 的师生参与爱心捐助活动，尤其是二年级同学表现突出。是否参与是态度问题，但是，我们仍然有少数师生不以为意，认为只要自己幸福就够了，"事不关己，高高挂起"，不能积极参与到爱心捐助活动中，有的同学平时就缺乏友善仁爱心，个人中心主义、利己思想严重。

友善说起来容易做起来难。一个人可以对家人、朋友、同事友善，但对于陌生人却做不到这样。古人说，"老吾老以及人之老，幼吾幼以及人之幼"，"四海之内皆兄弟也"，推己及人，广具爱心，这才是友善的理想境界。马克·吐温说：善良的、忠心的、心里充满爱心的人不断地给人间带来幸福。如果你多奉献一份爱心之举，世界就会少一些"寒冷"，生活中就会充满更多的温暖，给人更多的力量。

愿我们广施友善仁爱之心，让世界充满爱。

让优秀成为一种习惯
——2016教师节致全体教师的一封公开信

尊敬的全体教职工：

大家好！

教师佳节至，恰逢金秋时！在这收获的金秋时节，我们迎来了第32个教师节。很遗憾，今年教师节不能和老师们一起过，因为9月5号我就离开学校前往华东师范大学参加全国初中骨干校长高端研修培训。为此，远隔千里相望，唯有跨越时空，通过书信方式谨向辛勤工作在学校各个岗位的教师、教育工作者致以节日最亲切的慰问，向受到表彰的46名金牌教师、名师、骨干教师和优秀班主任表示最诚挚的祝贺！

教师是一种身份。"师者，所以传道受业解惑也。"谁希望我们传道？社会。因为教育是一种培养人的社会活动。谁在意我们授业？家长。因为家长希望我们是孩子的良师。谁渴望我们解惑？学生。因为学生希望我们成为他们的益友。那么，在教育这一广袤的天地里，作为行路者的我们该如何定位？发展，唯有不断地发展才不愧为一名优秀的教师。为此，我提出如下几点和老师们共勉。

一是梦想与信心比成功更重要。教育者必须要有自己的梦想，要做最优秀的教师，让优秀成为一种习惯，梦想越大，动力越强，信心越足，这样成功自然水到渠成。

二是初心与坚持比结果更重要。要不忘走向三尺讲台的热情，永葆对教育的忠诚、对学生的爱心、对学校的忠心、对同伴的诚心，坚守自己的理想与信念，坚持做"最优秀教师"这一信仰，无论晴天还是风雨，都永远不忘初心，砥砺前行。

三是成长与超越比名誉更重要。名誉往往指向结果，我们对待名誉要有"归零"的意识，更重要的是要关注获得名誉的过程。最好的教育是示范与感染。我们要强化师德，升华爱心，做到遵守师德规范，做表率；严守师德底线，不违纪；远离不良诱惑，不违法。要有更深层次的爱心，不嫌弃、不放弃任何一个学生。作为青年教师要重视第一次成长，要有一年入好门、三年站稳讲台、五年成为骨干、十年成为名师的成长计划，要熟悉教材、严谨治学、严格常规，要有正确的学生观、教学观、质量观，要获得学生的喜爱……今年开学工作报告中，我特别提到了优秀教师的二次成长问题。作为名优骨干教师，要敢于战胜自己专业成长上"安逸、倦怠和经验"三大"敌人"，突破成长的高原期，重视第二次成长，广读书、厚积累，多研究、勤反思，善创新、敢超越，让优秀变得更优秀。

最后，再次真诚地祝愿全体教职工节日快乐，身体健康，阖家幸福，万事如意！

第十辑　一路生花，从校长到教研员/督学

贴地而行：用心用情做老师的老师①

2020 年 9 月，我离开了校长岗位，加入了默默耕耘的"幕后英雄"行列——师训教研员，主要负责全市新入职教师培训。师训教研员是教师的指导者，更是教育理念的传播者、教学改革的推动者，也被形象地称为"老师的老师"。

近几年，浏阳市每年新入职教师近千人，新入职老师具有学历高，经历不一，性别比例失衡（男老师仅为 15% 左右），入职前系统培训少，差异化明显等特点。我认真学习有关教师培训的理论，特别是重点研究新入职教师的成长规律，从拿到新入职教师名单开始，仔细研究每一个新入职教师基本情况，做好入职培训前相关调研。

根据教育部《新教师入职培训指南》要求，我认真拟定了《浏阳市新入职教师"渐进式"培训实施方案》，健全了培训组织、实施、管理、考核等制度，按照闭环管理要求，严格实行学分制管理。

准确把握培训定位。坚持"师德为先、学校为本、分类实施、知行合一"的培训原则，秉承引导新教师坚定职业理想、夯实专业基础、补齐履职短板、扣好职业生涯的"第一粒扣子"、为教育人生奠基的培训宗旨，致力于"一个月转换角色、六个月站稳讲台、一年站好讲台"的培训愿景。

科学设置培训课程。整个入职培训阶段设置了教育教学理论学习、教育教学实践指导和教育教学基础技能达标过关三个领域课程。其中，教育教学理论学习设计了党史国史与社会主义核心价值观教育、师德修养与法律法规、教育教学常规与教材教法、教育科研与专业成长、心理健康与班级管理五个板块课

---

① 2022 年教师节，我被评为市"四有"好老师，接受了《浏阳日报》记者专访，有感而发，撰此文表达获奖后感想。

程；教育教学实践指导实行在岗导师制，按照《新教师成长手册》上设计的39个量表，有序开展教育教学实践；教育教学基础技能达标主要安排了教师礼仪、"三笔字"基本功、身心素质拓展训练和教师数字素养等课程。

在培训方式上进行了创新，初步构建了"三阶四域五环"的培训模式。"三阶"是指入门——角色转换，适应——站稳讲台，塑型——风格初成三个阶段整体设计；"四域"是指训中聚焦职业领悟、教学常规、班级管理、教研基础四大领域赋能；"五环"是指训后依次展开职业规划、专题研修、在岗实践、课堂调研、总结提升五个环节的阶梯式、渐进式培训。

在培训形式上力求多元化。坚持网络研修、集中研修与在岗实践研修相结合，线上与线下相结合，学分制与导师制相结合，将具体目标任务与预期成果渗透培训全过程，充分依托名师工作室、学科工作坊、现代技术平台、校本研修常态化机制，做到研修、实操、考评立体化，助力每一位新教师实现从转换角色到站稳讲台，再到站好讲台的华丽转身。

作为师训教研员，如何用心用情做好老师的老师？

其一，师训教研员是专业的引领者。师训教研员首先应以其深厚的专业素养和广博的知识储备赢得尊重与敬仰，不仅须精通本学科的前沿理论与知识，还要具备跨学科的综合素养，能够站在教育的高点，为新教师提供精准的学术指导和前沿的教学理念。在师训教研活动中，师训教研员如同知识的灯塔，照亮教师们前行的道路，帮助教师解决教学中的困惑，提升教学能力。这种专业引领的魅力，不仅体现在对课程体系的整体建构上，还聚焦于对学科知识的精准把握上，更在于对教学方法的独到见解。师训教研员应结合教学实践，提出切实可行的改进建议，引导教师探索更加高效、创新的教学模式。鼓励教师敢于尝试、勇于创新，不断突破自我，实现教学相长。

其二，师训教研员的魅力，在于能够与教师建立深厚的情感联系，成为教师心灵的导师。在繁忙的教学工作中，教师常常面临各种压力和挑战，需要有人倾听、理解和支持。师训教研员以其敏锐的洞察力和温暖的关怀，倾听教师的心声，理解教师的难处，给予教师真诚的鼓励和帮助，成为教师心灵的避风港。在师训活动中，师训教研员不仅要关注教师的教学技能提升，更要关注教师的心理健康和个人成长；鼓励教师表达自我、分享经验，营造一个开放、包容、互助的教研氛围。这种情感共鸣的力量，让教师们感受到被尊重、被关心，从而激发出更大的工作热情和创造力。

其三，师训教研员是教育改革的积极推动者和实践者。在教研活动中，师训教研员不仅传授最新的教学理论和方法，还鼓励教师结合自身实际进行创新实践，推动教学改革向深入发展。要从教师需求出发，坚持结果导向，善于发现问题、分析问题并寻求解决方案。面对教育中的热点难点问题，敢于直言不讳，提出建设性意见。不仅要关注教学质量和效率的提升，更要关注学生的全面发展和综合素质的培养，引领教师们敢于突破传统束缚，勇于尝试新的教学方法和手段。

其四，师训教研员的魅力还体现在强大的团队协作能力上。我深知一个人的力量是有限的，而团队的力量是无穷的。因此，师训活动特别注重培养教师的团队协作精神和合作意识，通过组织各种形式的教研活动和团队建设项目，促进教师之间的交流与合作，共同解决教学中的问题与挑战。在团队协作的过程中，师训教研员不仅发挥了领导者的作用，更扮演了协调者和促进者的角色，积极调动每位教师的积极性和创造力，形成合力，攻坚克难，增强了教师之间的凝聚力和向心力。

其五，师训教研员是终身学习的典范。教育的本质在于传承与创新，而这一切都离不开持续不断的学习与探索。因此，我始终保持对知识的渴望和对未知的好奇心，积极参与各种形式的培训和学术交流活动，不断更新自己的知识结构和教育理念。这种学习态度不仅影响了自己，更激励了身边的每一位教师，还用自己的实际行动诠释了"学无止境"的真谛，让教师们认识到只有不断学习，才能跟上时代的步伐，才能在教育的道路上走得更远、更稳。

提灯引路：师徒携手共生共长①

在教育生活中，每个老师都会遇到引领者，他们如同夜空中最亮的星，用知识的光芒照亮前行的道路，用经验与智慧为老师或管理者提灯引路。在三尺讲台上，师徒关系便是这样一种宝贵而深刻的存在。它不仅仅是一种教学相长的模式，更是情感与责任交织的纽带，师徒双方在这段旅程中携手并进，共同成长。

近十年，因我的专业日渐走向成熟，辐射引领作用发挥更为宽广，曾被聘为省中小学教师（校长）培训指导专家、省中小学卓越校长工作坊坊主或学科专家，在省内外为中小学教师（校长）、学生、家长等授课两百余场。为了将管理经验辐射全市，经浏阳市教育局批准，2017 年成立了"刘文章初中校长名师工作室"，全市有 130 余名初中副校长以上干部成为工作室学员。

我曾担任浏阳大瑶镇、集里街道办事处顾问，以及浏阳沿溪镇初级中学、长沙麓谷小学、江华瑶族自治县思源学校、湘西州保靖县夯沙学校等学校名誉校长或首席专家，从被帮扶学校需求出发，每个月深入被帮扶学校聚焦管理诊断、干部教师培训、学校文化建设、课堂改革、质量提升、一校一品等开展精准帮扶。

浏阳市新文学校罗湘佳、吴迪老师，荷花中学周润松校长，郴州菁华园学校原校长杨闰平，保靖夯沙学校原校长张艳等先后成为我的徒弟，我采取"一对一"导师制精准培养，为他们量身定制个人成长规划，被指导的老师迅速成长，各自在教学和管理岗位上崭露头角。罗湘佳现在在浏阳一中任教；吴迪老师已成为长沙市名师、学校中层干部，2022 年成为浏阳市吴迪初中政治名师工

---

① 2024 年 10 月，我被保靖县教体局授予"优秀帮扶专家"，有感于被帮扶夯沙学校及校长张艳的改变，获奖后撰此教育随笔。

作室主持人；周润松校长在工作室跟班学习六年成长迅速，被评为第三届湖南乡村好校长，2023 年成为初中校长工作室首席，被评为浏阳市"十佳"校长；杨闰平被聘为长沙恒定高中校长；张艳校长被评为县优秀校长，湖南省第四届乡村好校长。

师徒关系的建立，往往源于一次次偶然的相遇，也可能是一次精心的安排。无论形式如何，这种关系的建立都需要双方共同的认可与努力。在选择徒弟时，我会注重其天赋、品性与潜力；而徒弟在选择师傅时，则会被师傅的才华、德行与影响力所吸引。正是这份相互的欣赏与尊重，为后续的携手成长奠定了坚实的基础。吴迪老师是东北吉林人，大学毕业参加工作做过销售，然后转向当老师，任教初中政治，刚入职时他上课的基本规范不清楚，授课的基本方法不会灵活运用，课堂效率较低，但他很虚心，悟性很高，收为徒弟后，我真心引导他，跟他一起研究学情，一起备课，一起上课，一起做微科研，把他纳入初中校长工作室做助理，提高了他的学校管理能力。

在师徒关系中，师傅的首要任务是"提灯引路"，不仅要传授给徒弟专业的知识和技能，更要引导其树立正确的价值观，培养良好的职业素养。这种引导，不仅仅是口头的教诲，更是通过言传身教，让徒弟在潜移默化中受到熏陶。2021 年 10 月，省教师发展中心安排我到湘西州保靖县夯沙九年一贯制学校帮扶，校长张艳一直没有找到学校管理的金钥匙，队伍涣散，老师固守传统教学，课堂教学效率普遍低下，中考质量连续十年全县倒数第一。我驻点学校后，与张艳校长结为师徒，当了夯沙学校名誉校长，每个月驻点两天。

一是专业知识与技能的传授。根据张艳和学校的实际情况，制订个性化的学习计划，通过示范、讲解、实践等多种方式，帮助她快速掌握专业知识和技能。深入学校，访谈师生，调研课堂，建构了"以学为中心"的新授课、复习课和试卷讲评课的课型，并强力推进新课型实施。在这个过程中，我会耐心解答她的疑惑，及时纠正其错误，确保其朝着正确的方向前进。

二是价值观的塑造。我会用自己的言行举止，为她树立榜样，引导其坚定正确的职业道德观和社会责任感。在遇到困难和挑战时，我会鼓励她勇敢面对，坚持不懈地追求自己的目标。

三是职业规划的指导。我会根据她的兴趣、特长和发展潜力，为其量身定制职业规划，与她分享自己的经验和教训，帮助她少走弯路，更好地规划自己的职业生涯。

师徒关系不是单向的传授与接受，而是双向的互动与共生共长。在共同面对挑战、解决问题的过程中，师徒双方都会不断地学习、反思和提升自己。

一是相互学习。徒弟虽然处于学习的主体地位，但他们的新颖思维、创新思维也为我带来很多启示。我会从徒弟身上学习到新观念、新技术和新方法，进而不断完善自己的知识体系和教学方法。我以前不会使用希沃软件，不会下载网络视频，不会做精美课件，今天能够熟练掌握和运用，得益于徒弟吴迪的及时指点。

二是情感交流。我和徒弟之间不仅仅是师生关系，更是朋友、伙伴。他们会在日常交往中分享生活的点滴、倾诉工作的烦恼、畅谈未来的梦想。杨闰平工作调动时，拿不定主意，他会第一时间跟我商量，向我征求意见，要我帮他出主意、想办法；当他工作遇到困惑时，他会第一时间向我请教。吴迪母亲身患重病，住院治疗费紧张的时候，我第一时间借给他五万元。这种情感交流加深了彼此的了解和信任，使师徒关系更加紧密和谐。

三是共同进步。在携手解决问题的过程中，师徒双方都会积累宝贵的经验。这些经验不仅能够帮助他们更好地应对未来的挑战，还能够为团队和组织带来更大的价值。随着时间的推移，徒弟会逐渐成长为能够独当一面的专业人才。初到夯沙学校，张艳原本多次想辞去校长一职，认为凭一己之力搞不好学校。我驻点学校后，她重拾了办好学校的信心。随着我驻点的不断深入推进，学校情况好转，每个月布置给她的任务，张艳也能坚决执行到位。两年后，她逐渐成熟，学校管理有序了，师生精神面貌改变了，她也成长为当地名校长。

师徒结对，共生共长。这种关系如同一盏明灯照亮了前行的道路。它让徒弟在学习的道路上不再孤单无助；在成长的路上有了更加明确的方向和目标；更让徒弟在人生的旅途中收获了宝贵的知识、经验和情感。我们师徒一直珍惜这份难得的情缘，我愿意成为徒弟心中那盏最亮的灯，发挥我的教育智慧，愿今后更多的徒弟都能茁壮成长、展翅高飞！

三个角色：让教育督导更有魅力①

2016 年 8 月，我开始担任市政府兼职督学，2024 年 1 月至今担任市政府专职督学。从事教育督导工作 8 年多，先后担任 10 所学校（幼儿园）2 万余名师生的责任督学，曾 5 次被评为优秀督学，有 7 篇督导论文或督导案例获市级以上奖励或在省级以上刊物发表，在市级以上介绍或推广督导经验 3 次。回顾我的教育督导生活，充分发挥从教 30 多年教育经历、经验、专业能力作用，在教育教学督导中，特别是学校管理的薄弱环节督导，扮演了"三个角色"，让教育督导更有魅力。

一、充当"教育警察"的角色，彰显教育督导的威严力

在深入学校例行督导时，我坚持问题导向，帮助学校及时发现问题，及时将发现的问题记录、整理，第一时间反馈给校长，对学校提出改进建议。有一次到一所优质小学采取"四不两直"方式开展例行督导，随机进入三年级 5 班教室听了一节语文课，听课中发现该语文老师课堂结构混乱，准备不充分，下课后查该老师备课本，发现她没有备课，事后才知道该老师还是学校的一名骨干教师，计划头一天晚上备课，因为儿子晚上突然感冒发烧，在医院陪护了一个晚上，第二天上课前来不及备课了。这次例行督导情况反馈给校长，要求学校加强教学常规管理，提倡超前备课 1~2 课时，以备应急情况。集里街道进修附小办学规模为 48 个班，由于城区学位紧张，每年超规模招生，办学规模高峰期超过 70 个班，给学校管理带来较大挑战。作为该校驻点责任督学，我每个月深入学校例行督导 1~2 次，每次发现学校常规管理问题，第一时间反馈；每半

---

① 2023 年 12 月，在全市专兼职督学培训会议上，我作经验分享，该文是分享的部分内容，原标题《转换角色，履职尽责，让督导更有力量》，内容略有删减。

个学期对学校常规管理薄弱环节问题进行归纳分析，对学校中层以上干部进行案例式培训，针对教学管理常规、师生一日常规，学校制度执行情况等薄弱环节问题，深度剖析问题发生的原因，提出问题解决"三不放过"原则，即发现问题找不出问题原因不放过，发现问题找不到责任人不放过，发现问题整改不到位不放过。在此基础上，我从整章建制入手，用一年时间，指导学校建立了一套科学、合理、有效的管理制度体系，坚持制度管人、流程管事，助力学校总结摸索出学校常规管理"制度化""流程化""精细化""项目化""课程化""人文化""品牌化"等"七化"模式，学校管理效能明显提高。

二、充当"教育医生"的角色，彰显教育督导的洞察力

入校督导期间，我经常通过问卷、访谈、走访、数据分析论证、查阅资料等方式，主动帮助学校诊断出制约学校可持续、高质量发展的问题。集里街道百宜小学是一所楼盘配套的新学校，学校创办之初，经驻点督导，我发现管理干部缺乏经验，教师队伍年轻，学校课程体系不完善，课堂教学水平整体不高。针对这些问题，我从以下几个方面采取督导、指导、跟踪、反馈等方式，助力学校规范发展。首先，利用信息技术手段，建立教学管理系统，收集并分析各类教学数据，为管理决策提供科学依据；建立全方位、多层次的教学质量监控体系，包括课堂观察、学生评价、同行评审等，确保教学质量持续提升，同时，建立快速响应的反馈机制，及时解决教学中存在的问题。其次，根据评估结果和教师个人发展需求，定制个性化培训计划，包括教学研讨、教学技能工作坊、外出学习交流等，涵盖教育理念、教学方法、信息技术应用等多个方面，同时，建立教师发展档案，跟踪记录教师成长轨迹，为教师的职业规划和晋升提供依据。再次，建立教学质量评估体系。督学与学校管理层共同制定了详细的教学质量评估标准，涵盖课程设计、教学方法、学生学习成效等多个维度。驻点责任督学定期深入课堂进行观摩，与授课教师一对一交流，及时反馈教学亮点与待改进之处。最后，建立学生学习支持体系。针对学生学习中的难点和薄弱环节，驻点责任督学协助学校建立了辅导制度和学习小组，提供个性化行为指导和学习指导。经过一年的跟踪督导，该学校的教学质量较办学初期显著提升，学生成绩和满意度均有大幅度提高，教师队伍的整体教学水平也得到了明显提升，教师的职业幸福感和工作积极性显著增强。

三、充当"教育顾问"的角色，彰显教育督导的专业力

我经常以主人翁态度，及时对学校管理薄弱环节进行论证分析，形成调研报告，通过集中反馈、书面建议、整改通知等方式，对学校管理薄弱环节全面顾问，精准指导，及时整改。关口街道泰安小学是近三年新建的学校，校长是在全市遴选出来的。作为驻点责任督学，我从学校发展定位入手，指导学校构建核心理念。在深度督导、反复论证基础上，我为泰安小学撰写了《多点发力，全程提速泰安小学高质量发展》的分析报告，并在全校教职工大会上，从"文化引领，抢占学校发展制高点；敬畏规则，凸显学校发展关键点；教师发展，构建学校发展的支撑点；学生发展，培育学校发展的生长点"等四个视角，对学校持续、高质量发展进行新的定位，完善"从这里走向世界"的办学核心理念，进一步修改完善了学校发展规划。结合学校地域特色、办学理念和培养目标，我与校长一同深入挖掘文化内涵，组织丰富多彩的校园文化活动，如学术讲座、文艺演出、体育竞赛等，增强师生归属感和凝聚力；通过校园环境设计、师生行为规范等方式，营造积极向上、和谐共进的校园文化氛围。该学校办学不到两年，家长认可度、社会赞誉度十分高，学校成为师生实现生命意义的"生命场"，师生尽情施展才华的"赛马场"，校长、教师、学生追求美好校园生活的"幸福场"。

为了确保被挂牌督导学校的常见管理薄弱环节得到持续关注和改进，我认真制订年度或学期督导计划，定期对学校进行督导检查。检查内容涵盖学校管理的各个方面，特别是前期督导中发现的问题和薄弱环节，并及时向学校反馈督导检查中发现的问题，提出具体的整改意见和建议。学校根据反馈情况制定整改方案，并在规定时间内完成整改工作，责任督学应对整改情况进行跟踪检查，确保问题得到有效解决。同时，定期评估学校的管理绩效，根据评估结果给予相应的奖励或惩罚：对于管理成效显著的学校给予表彰和奖励，以激励其持续努力；对于管理不善的学校则提出批评和整改要求，督促其改进工作。

挂牌学校在管理过程中不可避免地会遇到各种问题和挑战。责任督学应履职尽责，凭着丰富的管理经验，建立健全的督导机制，特别是强化专兼职督学的作用，有效发现并纠正学校管理中的薄弱环节，专业引领学校，促进其健康、可持续、高质量发展。

研以致远："以小见大"的微课题研究与成果表达①

1997 年 8 月，我的处女作《浅谈后进生转化》被《教学与管理》杂志刊发，这是我参加工作后第一次在正式刊物上发表论文；2007 年 9 月，我独立主持的第一个长沙市级课题"中小学教师气质修养的实践研究"正式立项；2011年 9 月，与吉首大学附属小学原校长王中华合著《好校长是这样炼成的》，由湖南师范大学出版社出版。自发表第一篇论文至今，我一直致力于基础教育管理与实践，从事微科研。自 2002 年开始，我养成了"八个一"的治学习惯，即日读一万字，周写一千字，每周一反思，月读一本书，每期一典案，每年一论文，五年一课题，十年一本书。现已公开发表论文 20 多篇，主持省市级科研课题 6项，参与省级课题研究 8 项，参编或合著著作 4 部。这得益于我养成了"八个一"治学习惯，提升了"以小见大"的微课题研究与成果表达的能力。

一线教师教科研普遍存在不想做研究、害怕做研究、不知做研究、研究无成果的问题。其原因主要是不知研究什么；不知如何研究；不知研究来有何用；同科教师少不知与谁研究；工作繁重，没有时间研究；头绪太多，不知从何研究；信息闭塞，没有人指导研究……

随着新课程改革的不断深入，教育研究的重心也在下移，教师即研究者，教学即研究。"为了学校""基于学校""在学校中进行"的校本教研轰轰烈烈开展起来，课题研究也越来越受到重视。然而，一些课题或者大而无当，或者虚而失实，或者伪而失真，耗时较长，成本较大，难度较高，有些远离教师日常教学研究，对教育教学实践无法产生应有的作用与效应。而且研究者多是领导、专家、名师，普通教师参与少，积极性不高。于是课题研究立足校本、走

---

① 2024 年 8 月，在集里街道名优骨干教师和百宜小学教师培训班上，我以"'以小见大'的微课题研究及其成果表达"为主题进行发言。本文是经整理后的文稿，内容略有删减。

进课堂、贴近教师的呼声越来越高，关注教育教学细节，尤其是课堂教学细节的研究越来越受重视。在这种背景下，一种"小中见大，别有洞天"的微型课题研究正渐渐兴起。

凡是感到自己是一个研究者的教师，则最有可能变成教育工作的能手。①

微课题就是以具体问题为研究对象，以"问题解决"为目标，以教育教学实践中碰到的真问题、实问题、小问题为研究内容，从小事、小现象、小问题入手，以小见大的课题研究。研究的着眼点主要是教育教学细节，必须是实际问题；研究成果体现在改进和有效上，凸显实效性。研究的周期短，见效较快。必须是学期或学年能够完成的课题。

与传统的研究课题相比，微课题的研究范围较小，通常涉及教师自身的教育教学实践，注重实际应用和效果。微课题研究的核心在于"微"，强调细致入微的观察与分析，以便从中提炼出对教育教学具有指导意义的经验。

微课题研究有其独特的特点，这些特点使其在教育领域具有重要的应用价值。

其一，微课题的研究范围小，主题聚焦，问题微，人员少，时间短，成本低。

微课题的最大特点是其研究范围的局限性。教师可以选择一个具体的问题进行深入研究，如"如何通过游戏提高小学生的数学兴趣"。这种聚焦，让教师能够在有限的时间和资源内，获得有价值的研究成果。

其二，微课题的研究方法灵活、多样。流程没有规划课题复杂。没有固定的研究模式，没有强制的操作流程，人人都可以研究，时时都可以开展，处处都可以进行。微课题研究鼓励教师使用多样的研究方法，以适应不同的研究主题和问题。例如，在研究学生的学习动机时，教师可以使用观察法、访谈法、问卷调查等多种方式收集数据。这种灵活性，不仅提高了研究的有效性，也让教师能够更好地运用自己的教学经验。

其三，微课题实践性与应用性强。重实践，讲实用。选题"务实"，要立足教育教学实际。过程"踏实"，要在教中研、研中教，不游离于教育教学实

---

① 苏霍姆林斯基. 给教师的建议 ［M］. 杜殿坤，译. 北京：教育科学出版社，1984：495.

践之外。成果"真实"，强调在"做得好"的基础上"写得好"。研究结果可以直接应用于教学实践中，帮助教师改善课堂教学和学生学习。例如，通过微课题研究，教师可以找到有效的策略来增强学生的学习动机，从而提升教学效果。

微课题研究的成功实施需要明确的实践策略，以便教师能够在具体教学中有效开展研究。

一是选择合适的微课题。选择合适的微课题是微课题研究的第一步。教师应根据自身的教学实际、学生需求以及教学目标来确定研究主题。

确定微课题时，教师可以考虑以下几个方面。

（1）教学中的实际问题。观察日常教学中遇到的具体问题，比如学生的学习动机、课堂纪律、学习策略等。选择一个教师在教学中经常面临的问题，可以让研究更具针对性和实用性。

（2）学生的反馈与需求。通过与学生的交流和反馈，了解他们在学习中遇到的困难或对某些内容的兴趣。根据学生的需求来选择研究主题，可以更有效地促进他们的学习。

（3）个人兴趣与专业发展。教师应选择自己感兴趣的主题，这样不仅能够激发研究的热情，还能为教师的专业发展提供动力。教师可以结合自己的职业发展目标，选择相关的微课题进行研究。

（4）研究的可行性。选择的主题应具备可行性，考虑到研究的时间、资源和实际操作的难度，确保研究能够顺利进行。

（5）研究的意义与价值。所选择的微课题应具有一定的教育意义和研究价值，能够为教学实践提供有效的指导，或对其他教师的教学有所启示。

二是选择开展研究的合适的方法。开展微课题研究的方法多样，教师应根据研究主题和目标选择合适的研究方法。

（1）在开始微课题研究之前，教师应进行相关文献的综述与资料收集，以了解该领域的研究现状和理论基础。通过查阅相关的专业书籍和教育期刊，教师可以获取丰富的理论支持和实践案例，帮助自己更好地理解研究主题。在研究过程中，教师应及时收集相关的数据和资料，包括课堂观察记录、学生反馈、教学效果评估等，以确保研究的全面性和准确性。

（2）实践观察是微课题研究的重要方法之一，教师应在真实的教学环境中进行观察与反思。教师可以在授课过程中观察学生的学习表现、情绪反应以及互动情况。这种观察能够为研究提供第一手的数据，帮助教师深入理解课堂动态。在观察后，教师应及时记录并反思，分析观察到的现象与问题。通过不断反思，教师能够总结出有效的教学策略和经验，为微课题研究提供支持。

三是要对数据进行分析与整理相应的成果。完成研究后，教师需要对收集到的数据进行分析，并整理出有效的研究成果。

在数据分析过程中，教师可以运用以下技巧。

（1）定量与定性相结合。对于收集的数据，教师应结合定量和定性的分析方法。定量分析可以通过统计数据、问卷调查结果等进行，而定性分析则可以通过观察记录、学生访谈等深入分析。

（2）寻找关键趋势与模式。在分析数据时，教师应关注其中的关键趋势和模式，识别出影响学生学习的主要因素。这种分析能够为教学实践提供有力的支持。

整理研究成果时，教师应确保成果的清晰与可读性，具体包括以下方面。

（1）撰写研究报告。将研究过程、数据分析和结论整理成书面报告，包括研究背景、方法、结果和讨论等部分。这样的报告不仅有助于总结研究成果，也能为其他教师提供参考。

（2）成果分享。教师可通过教研活动、学校会议或在线平台分享微课题的研究成果，促进教师之间的交流与合作，为教育实践带来积极的影响。

微课题研究的最终目的是将研究成果有效地表达和应用于教学实践中。通过清晰的表达和实际应用，教师不仅能反思和改进自己的教学，还能为其他教师提供有益的借鉴。

微课题的研究成果需要通过适当的方式进行表达，以便让更广泛的受众理解和应用。

其一，教学案例与教学设计。教学设计关心的是这堂课该怎么上——他人可模仿，反映的是一堂课的过程，一个教学设计对应的是一堂课。教学案例关心的是这个教学事件体现了什么思想——他人受启示，可以只是反映一个片段，一堂课可以写几个案例，一个案例可以涉及几堂课。

其二，教育日志。教育日志侧重教师个人教学反思和自我提升，没有固定格式和要求，内容范围广（含生活事件、教学活动等）。

其三，教育随笔。教育随笔是可随时反映教育实践中的问题，记录亲身经历和内心体验的一种方式，侧重通过文学形式表达教育理念、提高教育质量等，常采用小说、日记、散文等形式，短小精悍、迅速及时（见闻、体会、意见、看法等具备时效性），内容深入，取材广泛，随性灵活（有感而发，不拘泥于篇章结构）。

其四，教育叙事。教育叙事是叙述和反思教育教学中真实情境以及反思和发现教育意义的过程，通过记叙描述、质性分析，发现和揭示教育意义，具有主题明确、真实深入的故事性特点。

其五，教育案例。教育案例是真实而又典型且含有问题的事件。简而言之，教育案例＝生动的教育故事＋精彩的点评。教育案例要体现明确的教育思想、教育观点，教育观念有新意（时代感），必须是有感而发，即使是事后回忆也要尽量向真实的"场景"靠拢，干预措施要有层次，要有具体的细节描述，不能只有概括性的叙述。

微课题研究的最终目的在于将成果应用于教学实践中，以改进教学方法和提升学生的学习效果。

那么如何将研究成果应用于教学？

其一，教学策略调整。根据微课题的研究结果，教师可以对课堂教学策略进行调整。例如，如果研究表明某种互动教学方法有效提高了学生的参与度，教师可以在后续的课程中广泛应用这种方法。

其二，个性化教学。微课题研究能够揭示学生在学习过程中的具体需求，教师可以根据研究成果，为不同学生制订个性化的学习计划，提供适合他们的教学支持。例如，针对某一组学生的学习困难，教师可以设计特定的辅导策略。

在应用研究成果后，教师应定期进行反思，评估教学效果并进行必要的调整。

教师应定期收集学生的反馈和学习数据，评估新的教学策略是否有效，以帮助教师了解教学效果，并为后续的微课题研究提供数据支持。基于评估结果，教师需要不断改进教学策略。微课题研究不是一次性的过程，而是一个持续反思和改进的循环。通过这种方式，教师能够不断优化教学，促进学生的学习与发展。

微课题研究为教师提供了深入探索教学实践的机会，在实施过程中却仍面临时间、资源等挑战。但在有效的合作与支持之下，教师依然能够克服这些困难，推动微课题研究的发展。在教育实践中，教师应主动、自觉地做微课题案例研究。

让案例研究成为一种需要——关注案例就是为自己而研究，把案例研究融入教育教学实践。

让撰写案例成为一种享受——撰写教育案例，让我们的教育更富有生命活力，让教师成为学生生命成长的护航者。

让读书成为一种习惯——与经典相伴，与大师对话，让阅读提升案例研究能力。

让反思成为一种力量——用脑袋行走，做思考的实践者；用脚板研究，做实践的思考者。

让写作成为一种快乐——用自己的语言，讲教育的故事，写亲身的感受。

附　录

提升师生每一天的生命质量①
——深度对话新文学校原校长刘文章（摘选）

陈　文②

【采访手记】

在浏阳市的初中学校，提起刘文章校长，无人不知。这源于他很早就当校长，有丰富的教育管理经历；更源于他白手起家，硬是把新民、新文两所初中学校办得有声有色，办成了浏阳老百姓心中的名校。

生活中的刘文章并不喜欢高谈阔论，但说到教育管理和课堂教学，他那蕴藏于体内的激情和智慧像火山爆发似的。和他交流，我感觉他是在现实生活的基础上把教育理想很好地结合的思考者和实践家。

他说：教师是学校最有潜力、最有生命力的资源，教学质量约等于教师质量，教师队伍建设是学校可持续发展的奠基工程。

他说：立足学生成长需求与认知规律，尤其关注不同类型学生成长需要也是一所好学校的重要标志。课程改变学校才会改变，课程丰富育人途径才多样，学生成长的路径才多元。课程设置应与学校培养目标相一致，从改革课程体系入手，确保每个学生都能找到自己的兴趣点、燃爆点。

---

① 2022 年 5 月，省特级教师、浏阳市教育局原副局长、浏阳市教育协会会长陈文对刘文章进行了一次深度对话采访，本文为部分采访内容，于 2025 年 1 月 22 日刊登在《德育报》4 版 "校长周刊"，略有删改。

② 陈文，特级教师，浏阳市教育局原副局长，浏阳市教育协会会长。

他说：学生发展的核心素养在于学校，归根到底就是学校教育过程中，如何通过一定的教育方式与手段，把学生培养成什么样的人。

他在新文学校坚持为学生的未来发展而办教育，为未来而教，致力于培育具有健全人格的人，从不同层面进行学校教育的顶层设计，如德育活动品牌化、课程化，改进课堂教学，挖掘学科核心素养，同时引领学生向从善、求真、盼美方向发展。

他说：当好一名校长，要乐于做小事，站在师生中间，深入课堂，用脚步丈量校园，"长"在校中，与师生"战斗"在一起；要善于谋大事，站在教育前沿，做先进理念倡导者、学校优质发展规划师、教师专业发展促进者；要讲好校园故事，站在师生后面，为师生发展提供平台、搭建舞台，提供优质管理服务。

我对他的教育理念和具体做法高度认同。

【对话实录】

（一）一个人在成长过程中如果有强劲的内驱力，自动自发，即使起点较低，也会有不一样的人生。刘文章校长就是一个典型的例子。

陈　文：据我了解，你最初工作时只是中师学历，可后来经过自己的努力，最后获得教育硕士学位，是这样的吗？

刘文章：是的。我1988年7月中师毕业，参加工作。在职自学，于1997年通过自考获得了英语大专学历；2001年获得本科学历；2001年7月参加全国教育硕士统一入学考试，于2004年6月获得湖南师大教育硕士学位。

陈　文：你很早就做学校管理工作，我想了解你的教育理念是什么时候开始形成的？主要体现在哪些方面？

刘文章：自1994年7月担任校长以来，我养成了学习、实践、反思的习惯。2002年担任新民学校校长以后，我要求自己坚守课堂，深耕学校管理，养成边实践、边反思、边研究的习惯，做到每天阅读一万字，每周写一篇教学或管理反思，每年发表一篇论文，每五年主持一个科研课题。自此，我的教育教学与管理理念逐渐形成，致力于做一名"管理＋教学＋科研"的复合型校长。

教育理念主要体现在两个方面：

一是个人成长理念：做人以诚信为本，办事以踏实为上，读书以勤奋为先，做儒雅睿智的校长。

二是治校理念：校园文化立校、规范管理治校、名师群体兴校、质量品牌强校，办品位高雅的学校。

刘文章：我印象最深刻的是 2017 年 8 月至 2019 年 4 月，华南师范大学举办"教育家孵化培养班"，经过层层推荐、专家评审、省教育厅批准等严格的遴选程序，我有幸入围省里 40 名教育家孵化培养对象。在持续近两年的培训学习中，最大的收获是在专家教授的指导下，自己 20 多年办学的思想萃取、提炼出了"品质教育"的办学思想。

（二）都说成长过程还需要"三关"加持：关键读物、关键事件、关键人物。但遇到"三关"后需要个人用心、用情去体会和感悟，才能转化成向上的力量。

陈　文：能说说在成长之路上，哪本书成了你的"关键读物"吗？

刘文章：浏阳市教育局从 2001 年起实施了"新世纪教师读书工程"，当年向全市教师推荐了几本书，其中一本是李镇西老师的《爱心与教育》。我研读这本书后，从书中一个个鲜活的教育教学案例中不断感悟到教育的真谛。经过二十年"爱心教育"的实践，逐渐形成了民主的科学观、科学的教育观、个性的人才观，对于我的教育思想的提炼起着不可替代的关键作用。

陈　文：教育之路上，哪件事情成了你人生中的关键事件？

刘文章：进入 21 世纪，当时全国上下的中小学兴起了"名校办民校"的热潮。2002 年 4 月，浏阳一中成立了教育集团，旗下有一所初中取名"新民学校"，面向全省公开招聘校长，我以笔试和面试双第一的成绩，被聘为新民学校首任校长。从公办教育转向首创浏阳民办教育，这是我教育生涯中的一次重要转型，也是教育路上的一次重大挑战，更是教育生涯中的一个崭新的舞台。

陈　文：一个人能够遇到生命中的贵人，乃人生之福。在你 30 多年的教育生涯中，你遇到几位"关键人物"？

刘文章：在我 30 多年的教育生涯中，幸运地遇到过 3 位贵人指点，他们对我的成长影响深远。

一个是我就读关口中学时的老师，也是参加工作以后的校长，付楠老师。他长期以校为家，教学严谨，关爱学生，厚爱教师。有一次我晚上外出家访，十一点还没回学校，那个年代也没有通信工具，付校长一直在校门口张望，直到我安全回到了学校才放心。我参加工作前五年，一直当班主任，付校长告诉我，关爱学生就是要"做好一件件让学生感动的小事"。这句话我一直牢记在心里。2016年2月，付楠老师逝世，我撰写了一篇追思文并致悼词，当看到从四面八方来参加追悼会的有40多岁到70多岁不等的600多名来宾，全部是他原来教过的学生，颇为感慨。

另两个人就是前教育局局长张运钊和欧远荣两位老前辈，有幸在两位老局长名下工作18年，成长路上得到老局长的指点，受益匪浅。在一中教育集团新民学校担任校长4年，欧局长默默鼓励、关心、支持我经营好浏阳第一所国有民办学校。欧局长大气、大度、包容、睿智的人格魅力和勤奋、务实、担当的工作作风影响着我。

陈　文：你在新文学校担任校长14年，这是你教学、科研和管理走向成熟的黄金时期。你具体说说和原来的领导张运钊局长相处有哪些方面的收获吧。

刘文章：我从张局长身上学到了许多东西。

一是学习他走一步看三步，谋大局，布大棋，以小见大，以大视野、大格局谋划未来发展的战略眼光。

二是学习他执着的教育情怀。他对学生有情怀，把每一个学生放在心里。走进学校食堂，检查学生伙食、餐厅卫生，甚至亲自下厨。他对教师有情怀，心里装着每一个教职工。全校300多名教职工，老局长大部分能叫出名字，每逢教职工婚丧喜庆等大事均会出席。他对学校有情怀，学校就是他的家。张局长每天都要来学校走一走、看一看，无论春夏秋冬，无论上班还是放假，不到学校好像缺少了什么，大年三十晚上十二点必须到学校放鞭炮喜迎新年到来，这么多年来从未间断过。

三是学习他知人善任、严谨务实的工作作风。作为民办学校校长，如果没有真正懂教育的董事长的理解和支持，校长也难以开展工作。我担任新文学校校长 14 年，负责拟定学校规划和工作计划，学校管理干部的聘任与培养，教师队伍建设的具体措施，学校经费的预决算，教育教学质量管理等，凡是向董事会提出需要支持解决的方案，老局长从来没有提出过异议，更没有否决过，更多的时候是帮我在股东会、董事会上做解释说明，促成通过所提交的方案。这是一种彼此高度信任、配合默契才有的境界。这种肝胆相照、荣辱与共的默契和灵感，不仅温馨和谐，更多的是一种责任担当和使命嘱托！

（三）作为浏阳市初中名校长工作室主持人，刘文章团结全市一批有情怀、有激情、有担当的初中校长，致力于学校管理、课程开发、教学指导和质量提升等多方面的探索和研究，使全市初级中学形成了你追我赶的良好局面，一批批校长在工作室这一平台上共进、共享、共长，工作室连续六年被评为优秀名师工作室。

陈　文：你作为浏阳市第一个初中名校长工作室主持人，从获批到现在已经过去了六年时间，这六年里你们主要做了哪些工作？

刘文章：六年来，先后有 160 名初中校长、副校长成为工作室学员。工作室以"做儒雅睿智的校长，办品位高雅的学校"为目标，聚焦"校长修炼修为、学生核心素养、教学质量提升、现代学校治理"等四大主题，累计开展各种形式研修活动 70 次，帮助很多学校制定了学校章程并结集成册，开展课堂教学专题研讨 12 次，推荐阅读书籍 60 本并组织校长读书活动 10 次，组织校长论坛 6 次，成立质量监测联盟并举行质量监测 12 次，召开质量峰会 6 次，聚焦"双减"，面向 6000 余名学生、教师、家长进行了 1 次问卷调研；首席及名师团队参与支教、公益授课 20 次。形成了"4＋2 内修外研"模式，申报省级课题一个并顺利结题，工作室名师团队和学员累计在浏阳市级以上培训会议等发表专题讲座 150 场次，浏阳市级以上论文获奖或发表超过 300 篇，获得各级荣誉奖励超过 600 项，被上级媒体公开报道 16 次。

陈　文：这六年里劳心劳力，但硕果累累啊！你有哪些感悟？

刘文章：主持工作室六年，感悟颇深。一是要专业。要有学术"味道"，要靠学术型、研究型、学习型团队吸引人。二是要精业。要通过主题牵引、任务联动、课题驱动，探索校长自身和学校成长规律。三是要创新。探索新路径，研究新模式，探讨新方法，聚焦新热点，创意新活动。四是要有特色。定期举行的读书分享、质量峰会、质量监测和名校长培养工程等独具特色。五是要实。做到责任压"实"，要求提"实"，考核抓"实"，研究从"实"。六是作为首席名师要做引领工作室高质量发展的大先生。做到有思想、有构想、有课程、有故事、有阵地、有见地、有成果。

陈　文：你的这些感悟对中小学校长和其他名师工作室主持人都很有启发和借鉴意义啊！你现在做教育管理和教师培训，对中小学校管理者和教师有什么期待？

刘文章：从事教师培训工作，是我喜欢的，也是我较为擅长的工作，使命光荣，责任重大。我走上校长岗位后，先后参加过各级各类培训 30 余次，我是在培训中成长起来的。

我期待中小学管理者和教师珍惜每一次培训机会，让每一次培训助推自己上一个新台阶；期待管理者和教师坚持学习—实践—培训—反思的成长路径，做中学、学中做、训中思、思中悟。期待每一个新入职老师，实现从站稳讲台到站好讲台，最后站到教育大前台的目标。

陈　文：30 多年的教育之路，必定充满坎坷艰辛，同时也充满欣慰和快乐，说说你人生路上的欣慰之事吧。

刘文章：在人生路上我感到欣慰的有：

一是今年 7 月，我母亲逝世，在我情绪最低落、最悲伤的时候，我曾带过班的学生，10 个晚上轮流来陪伴我，让我感到当老师、当班主任是一种幸福。

二是 2014 年担任校长 20 年之际，我与王中华校长合著的《好校长是这样炼成的》，由湖南师范大学出版社出版发行。在这本书里，我总结了人生路上和工作中的点滴体会，归纳为三个习惯、三个作风、三条信仰，成为人生路上和工作之中的得意之笔。

三是先后在关口中学、高坪教育办、新民学校、新文学校等四个单位担任校长 26 年，学校安全、文明、有序，没有发生过一起较大安全责任事故。担任新民学校和新文学校校长 18 年，致力于团队建设，打造学习型、事业型共同体。一批骨干教师走上了浏阳基础教育的校长、副校长领导岗位，从新民、新文走出去的老师把新民、新文的工作理念和工作作风带到了新的学校工作岗位，给全市基础教育带来了新的活力。

四是主持初中校长工作室六年，浓郁了全市初中校长学术治校的氛围，创造了工作室连续六年评为优秀的奇迹，开创了浏阳名师工作室建设的"唯一"。

陈　文：我感觉你的人生是丰富而精彩的。接下来的日子里，你可以对自己 30 多年来的教育之路作一番梳理、总结和反思，给"后浪"们提供更多更好的可资借鉴的经验。

刘文章：谢谢你！

后 记

　　2020 年 8 月，我从校长岗位退下来，从事教师培训和教育督导工作，有时间静下心来梳理从教 30 多年的教育教学经验和成长心路历程，然而，多次提笔，多次放下，总是难以释怀。

　　2024 年 1 月，申报湖南省第十二届特级教师，把自己 30 多年来的教育档案悉数翻出来，慢慢拾起，仔细琢磨，梳理清楚了一路走来的教育生涯。终于发现，是三尺讲台的魅力吸引着我，从儿时就播下了当一名老师的种子，选择报考师范坚定了我当老师的信念；走上三尺讲台后，尽管教育生活充满艰辛和挑战，尽管刚入职时有诸多困难和迷茫，尽管经历了很多的第一次，但都没有动摇过我想当一名好老师的初心。从感受讲台的魅力到接受讲台的魅力，再到享受讲台的魅力，历历在目，心花怒放。

　　当梳理一叠叠从教以来的荣誉和科研成果时，我才发现春夏秋冬，岁月的印记仿佛就在昨天，见证成长，一路生花。

　　当班主任 6 年，感受到了孩子王的存在和幸福。很多学生把心里话跟我说，学生喜欢我、信任我；和学生一起走进大自然，感受到了亦师亦友的师生关系；和学生一起探讨学习问题，教学相长，让我的授课更有魅力。我的课堂深受学生喜欢，获得市课堂教学一等奖；所带班级多次获得长沙市优秀班级称号，我多次获评浏阳市优秀班主任。1994年，区乡教育主管领导提拔我担任初中校长，那年我才27岁，自此，从一名普通老师走上了校长岗位。

我在校长岗位一干就是26年。曾经令一所位于城郊接合部、教学质量落后的乡镇初中，经过5年的艰辛努力，进入全县教学质量前五名，办成了长沙市的示范性初中。曾经在一个四乡合一的乡镇担任教育办主任，任职3年，科学配置教育资源，合理规划布局学校，获得长沙市学校规划布局调整的先进，全镇教育管理水平和教学质量有较大提升。2002年公选到国有民办初中担任校长，办学4年，学校办学规模超过30个班，教学质量全市第一。2006年被市教育局委派到一所九年一贯制民办学校担任校长。从筹建到开办，从艰难起步到办成老百姓认可的优质学校，14年风雨兼程，最好的青春年华在这里度过。

2020年回到市教师进修学校从事教师培训，担任市政府督学，负责新教师培训。恰逢全市新教师培训高峰期，年培训新教师1000人，探索出"三阶四域五环"的培训模式，收到很好的培训效果，被评为湖南省优秀培训者。

不管从教岗位怎么变化，我始终没有离开三尺讲台。从教38年，任教英语10年，担任班主任6年；任教政治24年，从事教师培训4年。在临近退休之际，思恋三尺讲台之情更为浓烈，2024年8月，毅然决定再次回到一线任教，回归课堂，找回当一名普通老师的感觉。

这就是我要写这本书的初衷。努力写出当老师已有的样子和应有的样子，写出自己成长中过去的样子、现在的样子和寄语更多老师未来的样子，通过教育随笔、教育叙事的方式，写出三尺讲台的魅力所在。

在本书即将付梓之时，我要感谢生命成长中的贵人。感谢高老师，让我喜欢上了三尺讲台。感谢付楠老师，告诉我怎样关爱学生。感谢周文老师，教我如何当好一名老师。感谢邹雪飞老师一直以来的举荐、支持和指导。感谢石鸥教授带我走进学术的殿堂；感谢老局长张运钊、欧远荣对我的关心和培养。感谢先后工作过的六所学校（单位）一起奋斗的千余名同事，给我的包容和鼓励。感谢妻子建友女士，她在全身心的陪护与默默奉献中，见证了本书的诞生。

感谢特级教师、浏阳市教育协会会长、市教育局原副局长陈文先生对我的专题采访。感谢湖南省教科院原基础教育所所长、知名特级教师、二级教授刘建琼先生为本书作序。感谢湖南师范大学出版社及孙雪姣老师的大力支持与精心指导。

本书成书过程中，参考了一些著作、论文、报道以及网络文献，我将这些参考文献在书页脚下列出。在此，对指导、鼓励和支持我的所有人以及参考文献的作者们一并表示衷心感谢。对本书存在的不足，希望读者不吝批评和指教。

最后，特别想声明的是，本书是作者为自己献上的最好的退休礼物，将教育生涯的每个瞬间化为永恒。